O QUE AS MULHERES
CONVERSAM NO BANHEIRO

ROSÂNGELA OJUARA

O QUE AS MULHERES CONVERSAM NO BANHEIRO

São Paulo 2009

Copyright © 2009 by Rosângela Ojuara

PRODUÇÃO EDITORIAL Equipe Novo Século
PROJETO GRÁFICO E COMPOSIÇÃO S4 Editorial
CAPA Fernando Augusto – Elemento Visual
PREPARAÇÃO DE TEXTO Ana Cristina Teixeira
REVISÃO Vera Lucia Quintanilha

DADOS INTERNACIONAIS DE CATALOGAÇÃO NA PUBLICAÇÃO (CIP)
(Câmara Brasileira do Livro, SP, Brasil)

Ojuara, Rosângela
O que as mulheres conversam no banheiro / Rosângela Ojuara. – Osasco, SP : Novo Século Editora Ltda., 2009.

Bibliografia.

1. Mulheres – Comportamento 2. Mulheres – Entrevistas I. Título

09-07039   CDD-158.1082

Índices para catálogo sistemático:
1. Mulheres : Comportamento : Psicologia aplicada   158.1082

2009
IMPRESSO NO BRASIL
PRINTED IN BRAZIL
DIREITOS CEDIDOS PARA ESTA EDIÇÃO À
NOVO SÉCULO EDITORA LTDA.
Rua Aurora Soares Barbosa, 405 – 2º andar
CEP 06023-010 – Osasco – SP
Tel. (11) 3699.7107 – Fax (11) 3699.7323
www.novoseculo.com.br
atendimento@novoseculo.com.br

Dedico

Aos meus heróis LIGIA e EMILSON, por terem me dado a vida e me feito forte.

Aos meus filhos GUIGUI e FERNANDINHO, por inundarem minha vida de alegria.

Ao meu marido JORGE EDUARDO, por me fazer acreditar no amor eterno.

A minha irmã JACQUELINE, pela cumplicidade.

Aos meus irmãos VETÚRIO e PEDRO, pela pureza da alma.

Agradeço

Às mulheres queridas **Ligia**, **Baixinha**, Carol, Maria, Jéssica, Jordana, Carla(s), Camila, Leda(s), Leila, Claudia(s), Jack, Luiza, Rafinha, Regina(s), Andréa(s), Patrícia(s), Nina(s), Yvone, Wilma, Rosana, Juliana, Niulta, Marcia(s), Heleny, Fernanda(s), Liana(s), Renata, Fernandinha, Lúcia(s), Valentina, Rô(s), Valéria, Lucíola, Mary, Gina, Érika, Cristina, Vânia(s), Lena(s), Natacha, Daiane, Rita(s), Therezinha, Fafa(s), Silvia, Dani, Alice(s), Ivonete, Dilma, Wanda, Eliane(s), Lu(s), Fafa(s), Paulina(s), Hilda, Ana(s), Lia, Carmen(s), Auzimar, Sônia, Marlene, Julia(s), Bel, Mônica(s), Rose, Niomar, Irene, Malu, Ludmila, Bernadeth, Ângela, Lílian, Denise, Lili, Bia, Gylce, Helena, Aldinha, Gabi... por pertencerem à minha vida, quer eu partilhando mágoas ou distribuindo flores, e, aquelas anônimas das quais invadi secreta mas carinhosamente a vida, dentro de todos os banheiros femininos e que sem saber me fizeram uma pessoa melhor.

Enfim, **às mulheres, todas**; as que conheci, as que nunca vi, as que me completam, as que perdi, as que anônima o coração invadi, não sei se as perdoo ou se me culpo por revelar as descobertas importunas, por não ocultar as fraquezas e os disfarces, por apregoar as franquezas e os desejos, mas só sei que me rendo e me encanto pelas metáforas que entendi, e imensamente agradeço e reverencio pelo tanto que aprendi.

Sumário

Introdução — A H ! E SSAS MULHERES ...		15
Capítulo 1 — S ENSIBILIDADE : HOMO OU HETERO ?		21
Capítulo 2 — T RAIÇÃO : LUTO E RECOMEÇO		30
Capítulo 3 — D ISCUTINDO A RELAÇÃO : DIA E NOITE		38
Capítulo 4 — S EXO COM OU SEM AMOR ?		44
Capítulo 5 — R EDUNDÂNCIA : POR QUE VOCÊS NÃO LIGAM ?		54
Capítulo 6 — Q UE IDADE ELA TEM ?		58
Capítulo 7 — O QUE OS SAPATOS REVELAM		63
Capítulo 8 — C ONFRONTO ENTRE MULHERES : RISCO DE VIDA		69
Capítulo 9 — S OGRAS : AME - AS OU AS TENHA POR PERTO		75
Capítulo 10 — J UVENTUDE OU VIDA VIVIDA ?		80
Capítulo 11 — D EPENDE !		90
Capítulo 12 — R ESPEITO AOS CABELOS		100
Capítulo 13 — D URO OU PÃO DURO ?		106
Capítulo 14 — E TIQUETA NÃO DÓI		112
Capítulo 15 — O TEU CORPO TE DENUNCIA		132

Capítulo 16 — O SECRETO ESCONDERIJO DAS BOLSAS   139

Capítulo 17 — MULHER: ANIMAL ARISCO   149

Capítulo 18 — CHEIRO DE MULHER   152

Capítulo 19 — OS ASTROS, VOCÊ E SUA MULHER   158

Glossário feminino   165

Bibliografia   171

O homem perde o senso de direção
depois de quatro drinques.
A mulher, depois de quatro beijos.

H. L. Mencken

Do cume tudo fica pequeno: só aparece o
que realmente é grande.

A CURA DE SCHOPENHAUER, IRVIN D. YALON

Introdução

AH! ESSAS MULHERES...

Que as mulheres são indulgentes quanto às imperfeições na aparência física do homem, diante do passar de sua idade, das rugas na face, do escassear dos cabelos, da dor extrema que sentem num simples resfriado, isso verdadeiramente são.

Mas, de maneira inequívoca, temos de admitir que seríamos capazes de roer todas as unhas, de ficar descabeladas e, talvez, de não sobreviver de tanta curiosidade, em algumas situações nas quais os homens com uma resistência invejável, soberanos, se portam com louvor.

No meu primeiro livro, *Como pegar seu homem pelo pé – e permanecer com ele*, entrevistei e observei centenas de homens, para que, desvendando suas carências, medos e anseios, fosse possível mostrá-los às mulheres sobre sua própria ótica, permitindo que fossem melhor entendidos, amados e que, num exercício de compreensão, as mulheres se aproximassem com segurança, para aventuras perpétuas ou relacionamentos efêmeros.

Agora não pretendo produzir um tratado: busco apenas falar das mulheres para que sejam descobertas atrás de seus "pouquíssimos" segredos e fraquezas, tornando acessíveis as consideradas inamovíveis e motivadas, as inertes.

Se você, homem, nunca se sentiu ávido por investigar por que as mulheres só vão ao toalete acompanhadas de outra mulher, mesmo que tenham passado o dia inteiro juntas, se nunca sentiu curiosidade em saber o que é que elas tanto conversam no banheiro, ou porque demoram "um século" cada vez que entram em um – você está a salvo e se encontra num plano superior.

Mas se isso sempre, ou às vezes, o deixa intrigado, sem dúvida, irá se interessar por essa leitura, que poderá elucidar algumas coisas, e ao final, para consolo ou desalento, levá-lo à conclusão de que as mulheres são realmente um terreno movediço, porém repleto de promessas aconchegantes e prontas para um ninho.

E, além disso, ao fechar este livro, você poderá acreditar que nós, mulheres, somos capazes de passar das manobras mais articuladas às reflexões mais profundas, de atitudes majestáticas aos sentimentos irrefreáveis, dos assédios mais ousados aos arrepios mais tímidos.

Um dia, comecei a prestar atenção às conversas das mulheres nos banheiros.

Centenas, talvez milhares. Frequentei a mais variada gama desses recintos... desde os mais refinados – onde aparentemente a linguagem deveria ser sofisticada e elegante, inspirando luxo, mas que, surpreendentemente, muitas vezes é fútil – aos mais populares, nos quais muitas vezes se espera um ambiente de falta de requinte e vulgaridade, e se pode encontrar surpreendentes sinceridade e conteúdo.

Estratégica e propositalmente, percorri incontáveis botequins a restaurantes "cinco estrelas", de *lounges* a boates, de metrôs a aeroportos, de rodoviárias a aerobarcos, de cinemas a teatros, de casas de shows a cafés, de boates de strippers a faculdades... foram inúmeros e talvez não consiga me lembrar de todos eles.

Em todo esse percurso fui descobrindo desde a linguagem mais chula e inculta até a intelectual e vazia, podendo mesclar uma variedade infinita de confissões para poder desvendar o motivo dos homens dizerem que deveria ter uma "mesa de pingue-pongue" em todo banheiro feminino.

As mulheres são criativas e genuínas, críticas e complacentes, competitivas e leais, articuladas e espontâneas, dissimuladas e verdadeiras, amigas e rivais, eternas e efêmeras, rudes e amenas, fúteis e plenas, passionais, emotivas, intuitivas: mulheres.

Embora eu própria faça parte desse universo intrigante, me surpreendi com tantas revelações.

Muitas vezes, ao perceber alguma conversa inusitada, sem ter o que fazer no banheiro, retocando sem parar a maquilagem, devo ter passado por maluca, indiscreta, psicopata ou algo bem pior. Por vezes, para não atrapalhar as outras mulheres, e apenas quando havia mais de um "reservado", ficava trancada por minutos, como se alguma dor de barriga me atormentasse, escutando o que diziam, reunindo mais e mais informações.

Na maioria das vezes, desejei participar e ajudar em algumas decisões importantes, tão impulsivamente tomadas dentro dos banheiros. Outras vezes, me senti impotente e inútil por não poder oferecer um ombro amigo, para desabafos e lágrimas sofridas, derramadas dentro desses mesmos confessionários.

Vi amizades antigas se desfazerem e recém-conhecidas se tornarem amigas de infância, planos diabólicos serem arquitetados em segundos e traições flagrantes passarem despercebidas. E embora isso possa ser um elogio, o assunto predominante sempre era relacionado aos homens.

Talvez pela seriedade com que encarava minha pesquisa, cheguei a achar que o banheiro pudesse dispor de um divã com um(a) terapeuta sempre a postos, pois até os assuntos que poderiam ser tratados numa mesa de bar, no trabalho ou em casa, são levados para o banheiro, talvez porque dentro deles exista algo proibido, intimidade, sigilo, obsessão e falta de pudor...

Já imaginaram que sucesso faria um banheiro que tivesse flores, sofás, paredes espelhadas para se ver de costas, de lado e de frente, balas, chicletes, fio dental, pasta e escovas de dentes, preservativos, revistinhas, secador de cabelos com escovas, **chapinha** (veja Glossário Feminino no final) e grampos para se fazer uma **touca** (ver Glossário) rápida nos cabelos, enquanto se conversa um pouquinho? Mas, para ser sincera, acho que isso não deveria jamais acontecer porque, se as mulheres já remancham, remancham horas num banheiro básico, com tantos outros atrativos poderiam se esquecer de quem estivesse esperando lá fora, e acabarem dormindo ali mesmo.

O anonimato da coleta dos dados para a elaboração deste livro foi fascinante.

Em uma entrevista, por mais impessoal que seja a conversa, pode haver algo de falso nos gestos ou de tendencioso nas palavras, pelo receio de que tudo pode ficar registrado, mesmo que apenas na memória de quem indaga.

O anonimato me permitiu observar a verdade às vezes oculta na espontaneidade das mulheres de vários níveis socioculturais e de todas as idades.

Com todo o respeito que merecem, excluindo as mulheres que fizeram voto de castidade e/ou abdicaram de todos os prazeres mundanos e bens materiais, todas as mulheres aqui presentes permitirão que você faça indagações e possa conhecer o que de lascivo e mundano, casto e puro existe em cada uma delas.

Experimente!

Levante a cabeça, sorria bonito e deixe
os outros descobrirem qual é o segredo
que te faz tão feliz!

Anjos e demônios, Dan Brown

Capítulo 1

SENSIBILIDADE: HOMO OU HETERO?

Banheiro de Boate/*Lounge* GLS, Copacabana, Rio de Janeiro (julho de 2008, 21 horas)

Duas mulheres declaradamente lésbicas, com idade entre 25 e 30 anos, conversavam:

Clarissa: embora possuísse um rosto angelical, tinha trejeitos não muito femininos, cabelos curtíssimos, piercing num bonito nariz arrebitado, corpo forte, calça tipo "cargo", cor caqui, sapatênis, **bolsa de lona transpassada, "tipo carteiro"** (veja Glossário), falava gesticulando, demonstrando uma certa irritação, meio grosseira, agressiva.

Joana: alta, magra, calça jeans e camiseta de alcinhas finas, sem sutiã, um pouco transparente, seios pequenos, cabelos longos, mais meiga que bonita, vários brinquinhos em cada orelha, enquanto passava batom pedia para a amiga que falasse mais baixo.

Clarissa *(ignorando a recomendação)*: Ridícula a irmã da Bia; me deu vontade de dar um soco na cara dela. Não entende nada de nada. Aposto que é uma lésbica incubada. Tira onda, mas gosta mesmo é de uma mulherzinha. Se não aceita que a irmã seja lésbica, o que é que está fazendo aqui, e por que tem que se meter na nossa vida? A Bia é maior de idade e ninguém paga as contas dela. Idiota! Viu o chilique que teve quando eu falei do caderninho de telefone que a Bia copiou para mim? Essa sensibilidade só mulher tem, duvido que um homem fizesse qualquer coisa parecida, entre outras coisas que homem também não sabe fazer direito. *(risos)* Minha Bia é a coisa mais fofa e "impossível" que existe, não é?

Joana *(risinhos)*: É.... ela é muito gente boa mesmo... mas fofa, fofa e "criativa" é a minha Lara. Mas, sem detalhes, vamos parar por aqui. Depois a gente fala disso.

Risos (muito maliciosos).

Para vocês entenderem melhor vou contar toda a história:

A Clarissa, a mulher invocada acima, contou toda feliz que estava com as páginas da cadernetinha de telefones soltando e a Bia (sua namorada) percebeu; comprou uma nova, escondido, cheia de coraçõezinhos, e, depois, copiou toda a lista de nomes e telefones, colocando na sua **bolsa** (ver Glossário) com um bilhete amarrado em um chocolate na forma de coração.

A irmã da Bia (namorada da Clarissa), parece-me, quando ouviu a conversa delas no *lounge*, disse que isso era babaquice, frescura de sapata, e começou a rir em tom de deboche, o que deixou Clarissa irada, a ponto de querer "dar um soco na cara dela", como confessou no banheiro.

Então! No decorrer de todo este livro, só falei de mulheres hetero, embora não tenha nada contra quem tenha preferências diferentes. Mas, no final da pesquisa, numa cafeteria, comentando sobre ter terminado o livro com Rita, uma amiga, contei que nestes últimos anos tinha sido uma fervorosa e entusiástica observadora das conversas dentro dos toaletes, dos mais sofisticados aos mais humildes e simples possíveis. E isso pretensamente me fazia supor ter conhecido uma imensa diversidade de tipos de banheiros e que, revelando estes lugares secretos aos homens, estaria também desnudando quase todo o universo feminino, no mais reservado de suas vísceras, de suas almas.

Assim, quando Rita me questionou: "Teve algum banheiro com conversas de lésbicas?", eu respondi prontamente, com a resposta na ponta da língua: "Claro que não!", com toda a convicção do mundo, talvez por achar inconscientemente que a conversa das mulheres com essa opção sexual não interessasse aos homens.

Felizmente, em questão de segundos, percebi minha falta de sagacidade.

Primeiro, porque muitas mulheres descobriram o interesse por outras mulheres motivadas pela desilusão com os homens; outras porque são versáteis e ecléticas, o que leva muitos homens a terem sonhos eróticos sobre o sexo entremeado com a participação simultânea de duas mulheres bem ativas, e *last but not least* as homossexuais convictas de nascença, sem dúvida, também teriam uma conversa interessante e ilustrativa tanto quanto todas as outras reveladas em cada um dos banheiros.

Obrigada, Rita, por nossa conversa ter me inspirado, salvo engano, a escrever um dos capítulos mais importantes do livro. E apenas para esclarecer: para me redimir e ser poupada do risco de acusação injusta de preconceito, apesar da data do evento (julho de 2008), em vez de colocar este capítulo no final do livro achei merecido que ele fosse um dos primeiros.

No dia seguinte convidei meu marido, parceiro de todas minhas aventuras, para ir comigo até uma boate/bar/*lounge* GLS, uma das mais discretas, onde não nos sentiríamos "peixe fora d'água".

Mais ou menos 20 minutos após termos entrado escutei perto de nossa mesa uma discussão acalorada, abafada pelo som do ambiente, e depois vi quando duas, das quatro mulheres que estavam na mesa, foram juntas ao toalete. Corri atrás de provavelmente uma conversa bem picante, e para minha alegria, nesse exemplo, apesar dos risinhos maliciosos, a conversa era sobre afetividade e caiu como uma luva ao comentário de Clarissa sobre a "falta de sensibilidade dos homens".

Minha concordância com essa premissa "falta de sensibilidade masculina" nem de longe é literal porque a vida e as pesquisas que realizei entrevistando centenas de homens para meu primeiro livro, *Como pegar seu homem pelo pé – e permanecer com ele*, me permitiram perceber a existência de homens exemplarmente perspicazes, elegantes e sensíveis, mas essa conversa me inspirou a pesquisar mais alguns livros que esmiúçam o corpo da mulher e outros, como, por exemplo, o *Kama Sutra*.

Enfim, quis me munir de argumentos que me possibilitassem falar sobre a "sensibilidade" que as mulheres esperam dos homens. E, partindo desse ponto, não custa nada falar de alguns detalhes que podem passar despercebidos, por falta de informação, conhecimento ou interesse.

Como, normalmente, cada pessoa lê seu livro sozinho, o homem que estiver agora lendo este não precisa contar que não descobriu nada de novo aqui e, quiçá, se gabar de saber todas essas coisas há séculos.

Acho bom, para mostrar que o assunto é sério, começar pegando pesado e falar direto do clitóris. Para os muitos homens curiosos, pouco egoístas, que nem precisariam dessas recomendações, não custa nada se aprimorarem; para os outros gostaria de alertar: meus amigos, clitóris e ponto G existem! Verdade! Juro! Não é ficção científica, não é folclore.

Sabemos que não está ali à mostra como o "lingam" (pênis, em sânscrito), que querendo, ou não, você vê de longe até em "descanso" ou mesmo que não funcione muito bem.

Para se conhecer o clitóris e o ponto G é necessário procurar. E ainda que você precise da ajuda de sua parceira, vale muito a pena encontrá-lo, pois além da busca e descoberta, literal e anatomicamente falando, eles estão também escondidos na cabeça e no ouvido de todas as mulheres, em todo beijo bem dado, em cada carícia, tateando o corpo todo, nas palavras especialmente expressadas, antes do sexo propriamente dito.

Segundo o dicionário *Priberam – Língua Portuguesa On-line*, clitóris é "A protuberância carnuda na parte anterossuperior da vulva". Segundo Sonia Hirsch, no livro *Só para mulheres*, "é uma estrutura cheia de nervos, músculos e vasos sanguíneos que se estendem pela vulva, incluindo a entrada da vagina... cheia de tecidos esponjosos que se enchem de sangue... à medida que a tensão sexual aumenta".

Alguns dizem que o ponto G não existe e outros afirmam que, para descobri-lo, basta traçar uma reta imaginária do monte Vênus até a parte de dentro da vagina, no início da sua entrada. Também dizem que esse ponto é a continuação das terminações nervosas do clitóris.

Entendeu? Não? Mais ou menos? Não tem a menor importância a definição formal, ou o significado exato, ao pé da letra, da palavra.

Se você está realmente interessado no prazer feminino, curioso e predisposto a se aperfeiçoar, vai lá, vai fundo.

Sonde, examine, tateie, pergunte, pergunte, pergunte; porém, escute, assimile e preste atenção em cada reação da mulher ao seu lado, para ver se está indo no caminho certo ou se precisa de ajuda. Você ainda se lembra daquela brincadeira de criança:

"tá quente" ... "tá frio"? Retome esta brincadeira, e a cada vez que fizer haverá descobertas singulares.

Considere que todas as partes do corpo feminino são partes erógenas, do fio de cabelo aos dedos dos pés, literalmente falando: depende de sua criatividade e competência explorá-las.

Mas clitóris existe e precisa ser estimulado para o prazer completo, embora a excitação possa e deva começar muito antes disso.

É bom saber que depois do sexo (com prazer – orgasmo), o corpo libera endorfinas, as drogas da felicidade, que melhoram nosso humor e durante o orgasmo o corpo produz oxitocina, um hormônio ligado a vários efeitos benéficos tanto físico quanto psicológico e também aumenta os níveis de um anticorpo chamado imunoglobulina A ou IGA, capaz de proteger contra resfriados e outras infecções.

Então, preste atenção se sua parceira anda tendo muitas gripes seguidas. Se estiver, atenção: pode não estar tão satisfeita, ou quem sabe pode ser apenas coincidência.

Ah! Sexo também queima calorias. Então, você só tem a ganhar: satisfeita, você só terá a ganhar, sendo gratificado com mais prazer, bom humor, bom sono, alta autoestima.

E como tudo na vida é prática, quanto mais (bem feito) você fizer, mais bem feito fará com o passar do tempo. Para ilustrar, 65% dos consumidores de *sex shop* no Brasil são mulheres, num mercado que cresce de 10 a 15% ao ano. Essa pode ser uma notícia boa ou ruim. Será boa se for vista como maior liberdade e criatividade da mulher ou ruim se ela apenas estiver usando os apetrechos sozinha, escondido. Isso será um mau sinal. Fique atento!

Mas longe de acabar com o assunto "detalhes", vou resumir ao máximo algumas outras coisas, para você se tornar doutor no assunto Mulher.

A mulher, dentro da barriga da mãe, tem aproximadamente 550 mil "ovinhos" que se tornam a metade ao nascer, passam para mais ou menos 70 mil quando começa a menstruar e, destes, apenas 500 se tornarão óvulos. Enquanto o "poderoso" homem, a cada ejaculação, produz aproximadamente 400 milhões de espermatozoides.

Entendeu agora por que a agonia, a aflição e a ansiedade da mulher diante do relógio biológico? Seus óvulos, além de serem contados em unidades, envelhecem e acabam; sua "sementinha", além de ser contada em milhões, não! Aparentemente menos interessante, mas importantíssimo, questão de vida ou morte é a **"TPM"** (ver Glossário).

Ainda citado dentro do livro *Só para mulheres*, pesquisas em presídios dos EUA mostraram que 50% dos crimes, ou delitos cometidos pelas mulheres, se deram durante o período da TPM, o que leva até mesmo alguns juízes, por essa razão, a atenuarem as penas.

Não precisamos ir a fundo no assunto, mas a verdade é que, durante a TPM, os níveis de estrogênio e progesterona mudam, o que, na maioria das mulheres, causa um desequilíbrio por alguns dias, com sintomas de mau humor, enxaqueca, cansaço, depressão, inchaço... ai, já basta!

Por prudência, desvelo ou medo, tenha paciência e sugira homeopatia, acupuntura, fórmulas de medicina chinesa, até mesmo alopatia, se for o caso; também se recomenda alimentos leves, exercícios, muito líquido e uma caixa do melhor chocolate de presente a cada TPM. Desta forma, você poderá ficar a salvo.

Resumindo: perspicácia, cuidado e sensibilidade. Na mesa, na rua, na sala, na festa, na cama.

CURIOSIDADES PARA OS HOMENS

- Se não for uma chata de nascença, a mulher chora e reclama como um sinal de que quer mais atenção e reconhecimento.
- Dar razão a ela, nem que seja simbólica, minimizará as reclamações.
- Discutir a relação não é doença.
- As mulheres precisam ser tocadas e acariciadas sempre, mesmo sem motivo.
- Presentinho surpresa, como um simples chiclete (diet), mostrará que você se lembrou dela quando estava na rua.
- Dar mil palpites e ficar reclamando, enquanto ela dirige, é horrível.
- Demonstrar claramente que entre ela e seus amigos do futebol/chope, você prefere eles, é o fim. Disfarce!
- Se fazer de durão (às vezes), para dar uma apimentada na relação, é um ótimo recurso – dá certíssimo.
- Elas odeiam "sexo micro-ondas" = 30 segundos. Se aprume!
- Mulher gosta de homens que se cuidam (sem exageros, claro, para não concorrerem com elas).
- Não lhe imponha um mapa para se localizar: isso pode ser fatal.
- Você não faz elogios, nunca? Impossível conviver com isso.
- Apenas a admiração, o respeito e o carinho são capazes de perpetuar qualquer relacionamento, fraternal a sexual.

- A paixão arrefece, mas pode virar amor; o ardor e o arrebatamento podem ser convertidos em vontade e a perda do viço físico pode ser transformada em semelhança (porque tanto homens quanto mulheres perdem) e afinidade.
- Cultive, potencialize e prolongue o que há de melhor em sua relação, adequando seus defeitos aos delas, pois assim, ao contrário do que diz muita literatura contraditória, é possível ser feliz para sempre.

> Amigo é aquele que sabe tudo a seu respeito e, mesmo assim, gosta de você.
>
> Kim Hubbard

> As mulheres começam por resistir aos avanços de um homem e terminam por bloquear sua retirada.
>
> Oscar Wilde

Capítulo 2

Traição: luto e recomeço

Banheiro em um bar no Lago Sul, Brasília (*happy hour* de muita paquera) – 19h30

Rosane: se não estivesse chorando, um choro incontido, talvez pudesse dizer que era bonita, mas os olhos com a maquiagem desmanchando, o semblante contraído e a voz histérica comprometiam qualquer avaliação. Mas diríamos, para não fugir ao padrão dos casos, que se tratava de uma mulher entre 30 e 35 anos, com roupas talvez ainda usadas do trabalho, cabelos louros, altura mediana.

Virginia: interessante, alta, morena, com um corpo que provavelmente agrada aos homens que gostam de mulheres "fartas".

Rosane: Amiga, o que é que eu faço? Aquele cretino, cafajeste, filho da mãe. Você viu o susto que levou quanto me viu? Ficou branco. Miserável.

Virgínia: Fica calma, amiga. Não adianta nada ficar assim. Você tem de se controlar. Engraçado, o que é que ele veio fazer aqui com ela, a essa hora, nessa muvuca?

Rosane: Sei lá; de repente foi buscá-la no trabalho. Na verdade, estou com mais ódio de mim do que dele. Primeiro, por ter acreditado neste cafajeste e, depois, porque ele me viu chorando.

Virgínia: Amiga, mais um motivo para você tentar se acalmar, porque vamos ter de sair daqui e é melhor que ele não te veja assim.

Rosane: Gente, estamos namorando há quase seis meses e ele sempre me jurou que já não tinha mais nada com a mulher. Apenas repartiam a mesma casa porque ele estava esperando a melhor hora para se separar. Me disse, até, que dormiam separados há mais de um ano. Você sabe, a gente sai à noite, anda de mãos dadas pela rua, sai fim de semana... Que ódio! Você viu? Os dois chegaram sozinhos, abraçados. Sentaram e se beijaram na boca e ele me disse que não poderia sair neste fim de semana, porque era o fim de semana que cuidaria dos filhos porque, mesmo morando na mesma casa, como não tinham mais vida em comum, cada fim de semana as crianças ficavam com um dos pais.

Virgínia: Você tem certeza de que ela é a mulher dele?

Rosane: Tenho certeza absoluta. Já vi várias fotos dela com as crianças. O pior é que a diaba é mais bonita pessoalmente do que na foto. Tomara que ela tenha percebido alguma coisa.

Virgínia: Vamos sair. Lave o rosto, bota colírio, refaça a maquilagem, saia de nariz em pé.

Neste caso, eu gostaria de ter podido dar meu apoio e alguns conselhos, mas me limitei à curiosidade de segui-las com o olhar ainda por mais algum tempo, para ver o desfecho.

Rosane, a "traída", em quinze minutos estava no balcão do bar, com um copo na mão, acompanhada de um rapaz que provavelmente tivesse acabado de conhecer, e no décimo sexto minuto já tomara a iniciativa de beijá-lo na boca, para desespero da amiga Virgínia que, aparentemente, tentava persuadi-la a ir embora, porque os indicativos eram de que a coisa iria piorar, considerando-se que Rosane estava tomando doses seguidas de uísque.

Nos minutos seguintes, tendo insinuado que subiria na mesa, foi controlada pela amiga que, depois de várias tentativas infrutíferas, felizmente conseguiu levá-la embora, para desalento da plateia presente, sedenta de tragédia e escândalo; mas para meu alívio, penalizada com sua ruidosa dor.

É difícil falar de dor, principalmente quando se trata de dor de amor. É mais fácil falar de amor, mas se torna uma tarefa escarpada falar de amor abandonado, amor impostor, amor doloso.

"Jogue a primeira pedra" quem nunca teve um amor proibido, mesmo que não tenha sido um amor clandestino, marginal, platônico, impossível.

Só quem nunca amou.

Sábia e sabidamente os homens contam essas histórias para as mulheres com destreza, com arte, como fez por seis meses o "vilão" ou "herói" da conversa anteriormente descrita. E as mulheres novas, vividas, versadas ou aprendizes creem sempre.

Sabem por que vocês homens dizem e elas acreditam? Porque, muitas vezes, dizem uma verdade absoluta naquele momento de emoção, de tesão, para se convencerem, por assaltos repentinos, defesa ou falta de argumentos convincentes.

Verdade: às vezes (nem sempre), acreditam com devoção no que dizem. Se convencem disso para justificar a falta de força ou de coragem de se separarem, mesmo vivendo um casamento fracassado. E dizem ser possível gostar de duas pessoas ao mesmo tempo.

Não compactuo com essa filosofia, de forma alguma, mas creio que eles alardeiam esse amor plural porque precisam, porque sonham, porque acreditam naquele momento, na simplicidade desse afeto.

E elas acreditam porque acreditando na legitimidade do ato ilícito amenizam a culpa e imaginam atenuar a dor que sentem.

Por falar no assunto gostaria de fazer uma perguntinha básica aos homens: a mulher também trai? Se sim, por que as mulheres traem? Vocês podem me responder? Eu posso!

As mulheres traem os homens porque dessa maneira minimizam sua culpa por ele já tê-la traído.

Sinto muito dizer, mas elas traem sim tanto ou mais vezes que vocês.

Uma pesquisa antiga, da qual não me lembro de detalhes, comentava que no caso de investigação de infidelidade, quando o perseguido se tratava de um homem, o preço cobrado pelo detetive era bem mais acessível do que o contrário, porque, salvo raras exceções, os homens não sabem disfarçar muito bem e se "denunciam" já nas primeiras buscas. Bastava que a mulher contasse a suspeita, a rotina e os horários do investigado, para que o esperto detetive atirasse direto na mosca e, em poucos dias, chegava com fotos, gravações e todas as provas necessárias à condenação do "réu".

Rapazes, em compensação, quando a desconfiança recaía sobre a mulher, o trabalho era reduplicado e as despesas salgadas.

A mulher muda a rotina, muda os horários, muda a roupa, muda o cabelo, os óculos, o cenário; enfim, muda tudo.

Muda porque é camaleoa, é mutante para o bem e para o mal; ela se funde e se desdobra com a mesma perfeição.

Os motivos para a traição é que são diferentes, entre homens e mulheres. Vocês, homens, na maioria das vezes conseguem ter um romance asséptico, separando o pênis do restante do corpo, com a seguinte prescrição: aos homens = direito; às mulheres = sujeição. A maioria das mulheres, no entanto, trai ou por vingança ou à procura de envolvimento e de magia, sujeitando o próprio coração a um amor silencioso, com retribuição precária e sem futuro.

Não sei como nominar, porque todas as palavras me parecem pesadas, densas, ilícitas, mas em pesquisa informal, conversando com homens e mulheres sobre "traição", "infidelidade", ouvi histórias invulgares, inusitadas.

- Uma conhecida, casada, me disse que, como tem certeza de que todo homem trai, ela sempre tem dois, porque se um dia for traída, ela traiu primeiro. É uma estratégia dela, e, diga-se de passagem, não considero recomendável, porque viver sem entrega plena não é amar e porque o amor verdadeiro é um hino em homenagem ao espírito.

- Um grande amigo, que foi cruelmente traído, tipo aquelas traições que todo mundo sabe menos ele, desde então luta como náufrago em alto-mar tempestuoso quando percebe que está se envolvendo. É como se ele sempre enxergasse em um pano completamente branco, sempre aquela manchinha de sujeira minúscula e colocasse toda sua atenção nela. Cada mulher pode ser uma ameaça e, com essa justificativa sem juízo, parece, com o coração ora petrificado, estar participando sempre de um concurso, onde deve haver um vencedor.

Ouvi também casos de homens traídos que, após uma catarse, têm o fato concluído, assentado e, dessa forma, conseguem levar uma vida presente, e voltam a clamar por amor como se fosse o primeiro, sem orgulho, vaidade e preocupação de viverem em eterno questionamento: o que vão pensar de mim por ter sido traído? Não vão pensar nada, se você próprio acreditar que não passou de um equívoco, um engano. Você merece uma salva de palmas!

Houve já quem dissesse que infidelidade depende da fase da vida para quem trai e para quem é traído.

Você pode ter traído quando era muito jovem e inexperiente por insegurança, por autoafirmação, por desejar descobertas; porém, quando se "cresce" ou se evolui, pode encontrar quem mereça fidelidade eterna.

Pode também, quando jovem, não aceitar a traição, por impetuosidade, por vislumbrar muita vida pela frente, e depois, com mais idade, poderá aceitar, por fraqueza e desesperança, ou por acreditar que tudo passa, até mesmo a dor.

É sempre muito sofrido suportar e esquecer uma traição, mas se você acha que compensa perdoar e sublimar pode defender um relacionamento e se dar uma segunda chance!

Se perdoar, perdoe!

Se for necessário, converse com Deus, aquele Deus que é só seu, e diga que o perdão saiu pela sua boca, mas ainda não entrou no seu coração.

O comum é o infiel tentar refazer a vida a dois, quando procura compensar a tristeza e a dor causadas, se esmerando nos cuidados, no sexo, nos horários e em tudo o que possa demonstrar a inquietação de sua consciência.

Ao contrário, aquele que perdoou não raramente traz à tona a conta, a dívida, o pecado cometido pelo outro em cada discussão.

Se perdoar, perdoe!

De modo inverso, se não é capaz de sustentar esta ponte, entre o rancor profundo, a remissão do pecado e o sossego, terá apontada para sua cabeça a "espada de Dâmocles", que é um mito sobre um cortesão na corte do tirano Dionísio (Siracusa – Sicilia – 4 a.C.), que, ouvindo suas queixas sobre não ser afortunado nem ter poder, ofereceu a Dâmocles seu lugar à mesa em um banquete; porém, ao iniciar a refeição, Dâmocles percebeu que bem em cima de sua cabeça havia uma espada afiadíssima, apontada para ele, presa apenas por um fio de um rabo de cavalo. Assim, ele abdicou de seu posto e confessou desistir da fortuna e do poder, retirando-se do recinto.

Simbolicamente, esta história nos fala do perigo permanente e iminente.

Se perdoar, perdoe!

Verbalize, grite, expresse em viva voz, se descabele, mas esgote o assunto e, se nem assim for capaz de se libertar, arranque a espada cravada no seu coração, deixe verter sangue, mas não adie mais sua vida: mova-se, caminhe, volte a cuidar de você, resgate o que de força houver e pense que é um estado de enfermidade, mas vai passar. Mude o prumo, entendeu? Saia fora!

Se, em última hipótese, você já foi traído(a) mais de uma vez, talvez esteja focando sempre no mesmo perfil de pessoa errada, com um viés permanente de insegurança ou uma patologia, porque hoje as pesquisas já insinuam que a tendência à infidelidade é um genezinho estragado que vem dentro do personagem.

Medite, analise sozinho(a) ou com a ajuda de um profissional se não é você que tem insistido num comportamento de baixa autoestima que acaba por te despovoar, desviando as pessoas de sua vida.

Tudo tem jeito.

Não torne hábito esse fantasma nem se obrigue ao castigo e à culpa, todas as oportunidades, tantas, estão passando ao largo de sua vida, incólumes.

A quem não se liberta do passado é infligida a pena de ou se tornar invisível aos outros ou carregar o estigma de "vampiro", que suga a energia dos que se aproximam.

"Adretare" significa autocompaixão! (*adretare* = arredar, sair, afastar em Latim)

O passado não pode ser uma prisão; está concluído, você está desobrigado dele, está quites, é singular à sua história.

O presente é soberano; o topo, uma metáfora, uma prece; o lado de fora, o desperdício ou o seu prazer o seu proveito.

E o futuro, sua vocação, o crepúsculo ou o reflexo de tudo num espelho d'água; uma janela aberta ou uma cortina, o arremate.

> Nunca penso no futuro – ele chegará.
>
> ALBERT EINSTEIN

> Sofrer por ciúme, é besteira. Se ele não se justifica, você está sofrendo à toa. Se ele se justifica, você já dançou.
>
> SERGIO AUGUSTO

Capítulo 3

Discutindo a relação: dia e noite

Banheiro da rodoviária de Goiânia, 18 horas

Duas moças: uma era extravagante, vestindo uma saia jeans, bata decotada com listras horizontais cor-de-rosa, o que lhe dava a aparência de uns quilinhos a mais, cabelos louros, quase alaranjados, arranjados, presos em coque com um laço "**rosa fúcsia**" (ver Glossário), que pretensamente combinava com o tom rosa da blusa, sandália-plataforma de mais ou menos 15 cm, corpo menos exuberante do que propunha: *Lucineide*.

A outra era negra, com cabelos alisados, longos, provavelmente de "**aplique**" (ver Glossário), usava uns brincos enormes de argola, tinha pernas musculosas de sambista, dentro de uma saia branca que lhe dava mais brilho, batom vermelho, blusa decotada embora mais discreta do que a da amiga, anel em forma de margarida: *Gisleine*.

Lucineide: Gisleine, vou aproveitar a viagem para Fortaleza para conversar com o Josivaldo. O que você acha? Afinal, vou ter muito tempo. Acho que ele está muito esquisito comigo. Só inventei de viajar com vocês para ver o pessoal da nossa família e passarmos o Natal por lá, porque acho que ficar perto da família sempre aproxima.

Gisleine: Desde quando acha que isso está acontecendo?

Lucineide: Já há algumas semanas, talvez.

Gisleine: Olha, eu acho que é impressão sua, porque tenho visto ele sempre carinhoso com você.

Lucineide: É porque você não está com ele o dia inteiro. Eu falo e, às vezes, ele está em outro lugar... voando. Domingo passado, depois que voltou do Maracanã, chegou mudo e foi dormir calado.

Gisleine: Ah, então conversa com ele mesmo, porque se ele anda assim, você deve insistir, buzinar no ouvido dele para que acabe contando o que está acontecendo. Homem é assim: não aguenta uma pressão e não sabe mentir direito, acaba confessando. Já me disseram que basta olhar bem no olho: se a pupila crescer é mentira.

Lucineide: Tá vendo, sabia que você ia concordar. Conta pra mim: você sabe de alguma coisa e não quer me falar. Quem é a outra? Fala. Pode falar! Tô preparada. Está tendo um caso com alguma amiga nossa. Miserável. Aposto que é alguma cachorra lá da vila. Bem que eu percebi que no pagode da semana passada ele foi ao banheiro várias vezes. Deve ser por isso.

Gisleine: Calma! Não sei de nada, não. Se soubesse, te contaria, porque as mulheres têm que se unir, porque nenhum homem presta. Vamos embora. Ah, como vamos sentar longe de vocês, se por acaso vocês brigarem e tiver algum problema me chama, hein?. Amiga serve para estas coisas.

Lucineide: Vamos. Eles já devem estar preocupados com nossa demora no banheiro.

Gisleine: Ih, espera, esqueci de fazer xixi e a viagem é longa.

~~~

Como vocês podem ver, para uma mulher, qualquer lugar é lugar de se discutir uma relação. E, para o homem, de preferência, nunca e em lugar nenhum.

Imaginem só um homem viajar o trajeto Goiânia–Fortaleza, dois dias de viagem ininterruptos, com uma mulher buzinando no ouvido do coitado. É pior que tortura em pau-de-arara.

É provável que ele confesse o que nunca fez, apenas para que ela pare de falar. Mas é assim, meus caros. Mulher precisa disso. Ela fantasia, cria histórias e, muitas vezes, fica imaginando coisas que jamais aconteceram. Sofre intensamente com isso. E só você pode salvá-la.

A mulher precisa ouvir; para o homem basta entender. A mulher fala; o homem demonstra. Existem razões científicas para essas diferenças: no homem a fala é ativada pelo lado esquerdo do cérebro, sem lugar determinado, enquanto na mulher a fala tem lugar específico, na parte frontal do hemisfério direito, o que dá essa capacidade verbal incomensurável.

Por falar nisso, se deseja agradar uma mulher, demonstre sua emoção e interesse com expressões faciais, olhe bem dentro dos seus olhos, morda os lábios, faça ar de pensativo, repita algumas coisas que ela falou (vamos explorar melhor esse assunto adiante): tudo isso acarreta um resultado e uma atração fantásticos.

Apenas para ilustrar, uma mulher que fale razoavelmente bem, fala de 6 a 8 mil palavras por dia e emite 8 a 10 mil gestos e expressões faciais, enquanto um homem, que gosta de falar, emite de 2 a 4 mil palavras por dia e de 2 a 3 mil gestos e sinais, salvo exceções.

Voltando ao caso descrito anteriormente, pode ter acontecido que no domingo o time dele perdeu o campeonato de futebol de 4 a 0 e ele ficou danado da vida ou, quem sabe, nas vezes em que ela falou e ele não ouviu, estava pensando em alguma conta que não pode pagar, ou em um desentendimento que teve com o chefe. Quanto a ter ido ao banheiro várias vezes, com certeza deve ter sido por ter bebido muita cerveja.

Mas mulher precisa de explicações.

Já que nosso objetivo aqui é fazer que vocês sejam mais condescendentes e entendam com parcimônia as mulheres, porque elas se forem compreendidas só podem trazer felicidade, escutem com carinho o que vou dizer a seguir.

Uma de nossas grandes diferenças é exatamente o fato de que para o homem as coisas são autoexplicativas, enquanto para as mulheres cada detalhe não esclarecido pode ser fatal. Não estranhe caso ela queira discutir a relação na fila do cinema, na sala de espera do médico, mesmo que seja o urologista, quando você vai ter que fazer aquele exame desagradável ou quando você tiver "falhado" nem que seja a primeira e única vez que tenha acontecido; quando estiver "apertado" para ir ao banheiro ou na cadeira do dentista.

Juro que, ainda assim, ela é uma mulher normal.

Se você quer viver numa área de conforto, responda sempre, mesmo que seja uma resposta banal... faz parte da compleição feminina. Só resta a você entender, aceitar e contornar... e se fizer isso será adorado. Será rei...

Ansiedade não tem lugar e, afinal, os homens não têm suas manias? As mulheres também. Se você quer agradá-la verdadeiramente, ouça tudo o que ela tem a dizer com atenção, porque se ela desabafar e você prestar atenção e não interrompê-la já terá cumprido a primeira etapa, e pode ser que ela fique mais calma.

Louis Armstrong disse que "existem pessoas que se não sabem, não é possível lhes explicar." Isso não vale para a mulher quando se trata desse tipo de ansiedade. Ela entende que seus argumentos são fracos. Porém, o importante é dar-lhe atenção. Não leve tudo ao pé da letra, porque o que uma mulher diz está sempre carregado de muita emoção.

Depois de escutar, comente tudo, mesmo que resumindo, e dê uma explicação básica qualquer que ache conveniente, apenas para ela se aquietar. Se não funcionar, tasque-lhe um beijo, meio selvagem, suculento, daqueles participativos, onde os dois se beijam um pouco cada um, porque além de fazê-la calar a boca, vai por si só responder a tudo o que ela gostaria de perguntar. Se ela começar a falar de novo, beije de novo, e continue beijando com vontade, porque como o beijo é o primeiro e último sintoma que sinaliza se um relacionamento ainda é fértil ou se está à beira do abismo, sua mulher, com a percepção e agudeza de espírito inerente a toda mulher, entenderá sua mensagem.

Carinho é a melhor resposta para qualquer dúvida, se verdadeiro. Esclareça, mesmo que ache desnecessário. Às vezes, pode ser cansativo, mas se você realmente a ama, vale o esforço. Agora um detalhe: nunca dê explicações demais, principalmente sem ser solicitado, porque pode ser fatal.

Mulher é assim: se você não falar, se ficar calado pelos cantos, está aprontando alguma coisa e por isso está tão distante.

Se falar demais, é porque tem culpa.

Se falar pouco, é porque tem culpa.

Portanto, suporte. Afinal, a mulher suporta, mesmo sentindo cólicas, ser sua companhia quando você vai ao bar; disfarçar quando está com "vontade" para não aparecer oferecida; durante a TPM ficar sempre sorrindo; abraçá-lo forte quando você "falha", e falar que não tem importância nenhuma, mesmo se sentindo a pior mulher do mundo porque acha sempre que a causa é ela; dividir você com o futebol e o controle remoto e ainda servir uma cerveja estupidamente gelada; perguntar à sua mãe "como você tem passado" e ouvi-la contar exatamente tudo o que aconteceu nos últimos seis meses; aguentar a dor da depilação para estar macia para você; comer alface com alface e um chocolatezinho escondido com a maior culpa para não engordar nenhum grama; trabalhar o dia inteiro, fazer ginástica, fazer o pé, a mão, as sobrancelhas, massagem, passar tintura no cabelo, limpeza de pele, comandar a empregada de longe, mandar consertar o vazamento da torneira, mesmo tendo vários filhos adolescente ou dois bebês, e chegar em casa e ainda estar pronta para o sexo ao ir se deitar, apesar de estar exausta.

Ufa! Você ficou cansado depois de ler? Pois é... então, pense bem: o que significa o pequeno sacrifício de discutir a relação diante de tanta dedicação e esforço dela? Não significa nada.

> Na mulher, o sexo corrige a banalidade;
> no homem, agrava.
>
> MACHADO DE ASSIS

Capítulo 4

Sexo com ou sem amor?

Banheiro de uma boate de *striptease* em São Paulo (de "alto" nível – se é que se possa medir o "nível" pelo preço) – sábado, 2 horas.

Três moças: a primeira com carinha de moça de família, universitária, lá pelos seus 20 anos, se tanto, vestindo calça jeans, dois brinquinhos insinuando, quiçá, brilhantes, em cada orelha, uma camiseta não muito curta revelando um piercing, também insinuando brilhante, no umbigo, cabelos louros bem pintados, branca de cor quase virgem, talvez 1,70m, corpo de quem faz ginástica sem exageros, seios provavelmente com silicone, mochila nas costas, quem sabe com alguns livros da faculdade, onde os pais talvez pensem que ela esteve naquela noite. Nome: *Soraia*.

A segunda com uma minissaia quase aparecendo a virilha, pernas esculturais, cabelos na altura da cintura, de um louro "blondor", quase branco, muita maquiagem, boca carnuda com batom vermelho, 20 e poucos anos, brincos de argola enormes. Demonstrava uma vulgaridade que denunciava a profissão. Nome: *Roberta*.

A terceira trajava um vestido preto muito insinuante, que poderia ser elegante se ela o fosse, decote discretamente ostentando o silicone, cabelos negros falsos "tipo Chanel", olhos verdes, dentes em um sorriso provocativo, brincos grandes de osso, sandália de saltos agulha altíssimos, 30 e poucos anos. Aparência de quem poderia ser apresentada a qualquer mãe como namorada séria do filho. Nome: *Márcia*.

Soraia: Viram quem está aí de novo?

Roberta: Soraia você está poderosa, hein? Três vezes por semana. Assim vai ficar rica. Daqui a pouco ele vai te pedir em casamento (*gargalhadas*).

Márcia: Será que ele não tem um amigo coroa que nem ele, tipo bonzinho e rico também?

Roberta: Se tiver, pergunta se tem dois... (*risos*).

Soraia: Realmente é elegante, gentil, diferente dessa gentinha que temos de encarar por aqui. Da última vez, antes de irmos transar, ele me levou naquele restaurante do Itaim Bibi e comemos *escargot*. Aliás, eu nunca havia comido, não sabia nem o que era, mas não fiz feio. Fiquei olhando tudo o que ele fazia e imitei. Depois, me deu um brinquinho de coração, não sei se é de ouro, mas bem bonitinho. Ele me paga legal. Dá sempre muito mais do que combino. O grande problema é ter de ficar beijando na boca, como se fosse meu namorado, e tomar banho junto – argh! Odeio! Tenho nojo. Ainda bem que ele é limpo. Outro dia peguei um cara imundo. Deus me livre. Embrulhou meu estômago. Ainda bem que foi rapidinho. Só o básico, tipo "precoce" e pagou bem. Cara sujo tem que pagar mais.

Roberta e Márcia (*em uníssono*): É... fazer tipinho namorado... e dar beijo na boca não dá. Nem pensar. Também tenho nojo. O resto pode.

E falaram explicitamente tudo o que era permitido se fazer num "encontro" – desde que não houvesse abraços carinhosos e beijos na boca.

Conclusão: até para as prostitutas beijo na boca e carinho representam amor, e sexo com amor não se faz com nenhum homem e sim com alguém que se tenha ou queira compromisso, qualquer continuidade.

Para as mulheres de programa, sexo sem amor é "trabalho" e para as que não o são, sexo sem amor é desafio, rebeldia, porque a mulher "ainda não aprendeu a associar sexo à liberdade"... com convicção.

Verdade absoluta: a mulher é romântica, quer seja prostituta, quer seja dama. Nova ou antiga. Pobre ou abastada. Simples ou requintada. Deselegante ou sofisticada. Medíocre ou invulgar.

A mulher é carente de carinho... carinho... carinho.

Talvez porque ainda lhe imponham preconceitos impunes; talvez porque lhe tirem do ventre o filho; ou porque lhe cobrem um comportamento imaculado; quem sabe por lhe exigirem resistência supra e uma pureza nata. Talvez por tudo isso ou simplesmente porque são mulheres e se denomine o ser humano como "homem" e isso as melindre.

Por tudo ou nada disso, o importante é que nunca se menospreze o romantismo de toda e qualquer mulher.

O homem por história, aprendizado ou defeito de fabricação aprendeu às vezes a se vangloriar por separar amor de sexo, como se cada um deles pudesse sobreviver incólumes um sem o outro.

Para o homem, corpo é corpo, sexo é sexo e alma é alma.

Para a mulher, amor é amor, alma é amor e sexo é amor.

Por treino histórico, a mulher deveria se entregar a um homem apenas se desse encontro resultasse compromisso e casamento.

E isso ficou arraigado em suas entranhas e, por mais que alardeiem liberdade, guardam na medula, no inconsciente, a responsabilidade de honrar esses princípios. Não levar a efeito esses preceitos é deflorar as virtudes de nossas antepassadas. Por isso, amor tem a ver com sexo.

Mesmo quando a mulher é leviana (dentro do conceito padrão), tem vários parceiros, tem um amante, ou transa com um homem na clandestinidade, ela foi condicionada para apenas não sentir culpa se conseguir se envolver e acaba involuntariamente levando esse compromisso a sério para o resto de seus dias. Sai por diversão e é só dar uma brechazinha e ela acaba se envolvendo.

Sendo prostituta "pode" transar desde que não haja nenhuma possibilidade de se envolver.

Para a mulher, sexo tem a ver com encantamento, carinho, preliminares, oferenda. A não ser que seja por "profissão" – e ainda assim, salvo engano, todas esperam que, daqueles tantos parceiros, saia algum que as queira além do corpo, que as respeite além do sexo, que as enxergue além do prazer.

Por tentativa, fuga, falta de escolha ou credulidade, numa grande parte das vezes, as mulheres mortais, comuns, podem entregar-se irrefletidamente ao prazer carnal, efêmero, como, por exemplo, num primeiro encontro, mesmo sabendo dos riscos de se envolverem em vão, ou de ver desdourada sua fama, lhes sendo impingido o rótulo de vulgares, mas sempre com a esperança de tirar alguma coisa além do sexo, hoje com a sorte de que não mais levem para a fogueira aquelas que por opção dizem separar amor de sexo, e agem como tal.

E, por hábito ou impulso, este sexo indiscriminado pode vir a se tornar um vício, que, na verdade, pode levá-las à depressão, à baixa autoestima e à solidão, mesmo quando acompanhadas..., enquanto aos homens não só lhes é permitido como também incentivado. Já que dividir plenamente este direito com elas é obra para muitas e muitas gerações e, com certeza, ainda assim será em proporções desiguais, então por que não fazê-las se sentirem menos usadas?

Ainda considerando aquelas que confessas se dizem completamente livres, no fundo ainda guardam a ilusão de encontrar um homem que as respeite e lhes traga sexo com amor porque, até na própria compleição física, o homem se orgulha de ser diferente. Ele distingue o pênis do restante do corpo, como se "tivesse vida própria" e se orgulha dele, como se fosse um troféu, lhe atribuindo muito de seu poder. Compara com outros homens o seu tamanho, brincando com esse assunto, por vezes com soberba. Além disso, o sexo do homem é para fora e o da mulher, para dentro.

A mulher guarda para si própria a opinião sobre seu órgão sexual, não tecendo para si comentários elogiosos ou se vangloriando dele. Não atribui, apenas e simplesmente a ele, sua capacidade de conquista, como se preservando.

Assim, quanto já se ouviu os homens e as próprias mulheres dizerem, quando uma mulher está de mau humor, "eu sei do que ela está precisando", fazendo o gesto do tamanho de um pênis? Por história vulgariza-se o sexo.

A mulher talvez mostre o corpo pela necessidade de se autoafirmar, porque rotularam que seu corpo deveria servir ao homem, ainda que lhe tenha sido proibido por séculos usufruir do prazer que ele poderia proporcionar.

E também por terem inventado que a iniciativa da conquista e do desejo devam partir do homem, embora estejamos, aos poucos, infringindo estas leis e quebrando esse tabu.

O desejo do homem começa pelo apelo visual, e a mulher sentindo-se indefesa ou sábia utiliza o corpo para atraí-lo, o que não invalida sua carência de amor e carinho.

Corpo tem a ver com sexo, mas tem a ver com amor.

Por merecimento de todas as mulheres, cada homem poderia oferecer um pouquinho de carinho, mínimo, que lhe pese pouco, em todo o sexo, mesmo naqueles "súbitos". Todo o universo feminino lhes seria grato.

E imaginaram se isso tornasse um hábito? Quão felizes poderíamos ser todos nós? Com toda margem de certeza, garanto que inclusive para vocês, homens, o sexo passaria a ter um sentido diferente na vida, além de simplesmente trazer um prazer carnal, lhes possibilitando livrar seu coração de um futuro empedernido.

Se, a princípio, tiver dificuldade, lembre-se de que tudo na vida é exercício, e este certamente o fará melhor e mais feliz, pois lhe proporcionará a chance de descobrir o quanto fazer sexo é melhor do que você imaginava. Lembre-se também de que homem-galinha além de ser insensível, está meio fora de moda. E mais um detalhe: se os homens estão lendo este livro, presume-se que tenham curiosidade e interesse explícito nas mulheres e espero que, de alguma forma, entendendo-as mais, estejam aprendendo a tratá-las melhor.

Jamais deprecie o romantismo do corpo e a oferenda do sexo de uma mulher, porque, para elas, sexo não é o objetivo – é consequência. Valorize o coração dela, porque muitos já foram apedrejados, outros tiveram um lapso de sofrimento, alguns foram bem tratados, mas todos já sofreram por algum amor, verdadeiro ou falso, profundo ou "fugaz como uma fragrância"; com a decepção de um(a) amigo(a); com um filho que vive distante; por motivos vários, mas sem dúvida já sofreram e, por isso, todas possuem um coração vulnerável e carente.

Explorando mais este assunto, provavelmente eu escreveria inúmeros outros capítulos, quiçá um livro. Vale a pena você aprofundar, literalmente ou não.

Sexo para a mulher começa com o que ela escuta, passa pelo beijo, tem continuidade com as preliminares e culmina com o clímax, que não é obrigatoriamente o mais importante.

Last but not least, o orgasmo por si só não faz ninguém poderoso. Não que ele seja dispensável, mas sim por ele fazer parte do "pacote" como um todo. Lógico que não se vive apenas de preliminares, mas que enfeitam o sexo, enfeitam: dão aquele sabor de coisa boa, bem aproveitada, plena...

A propósito, no livro *Será que a gente combina*, de Allan e Bárbara Pease, há o comentário de um dos traumas das mulheres, que é o fato do homem, em seguida ao orgasmo, se levantar, ligar a televisão ou algo que o valha.

Se, inevitavelmente, o sexo for apenas casual, tenha ao menos um pouquinho de atenção e não a deixe se sentir um objeto descartável. Controle-se quando acabar. Resista um tempinho antes de dispensá-la, ir embora ou deixá-la em casa. Pense em alguma coisa, respire, faça ioga, conte até 500... apenas para passar um pouco o tempo antes de se levantar. Tenha a certeza de que o antes e o depois, não raras vezes, são muito mais importantes do que o ato em si. O orgasmo nem sempre é o clímax para a mulher.

Se você escreveu seu nome no caderninho somente para uma eventual emergência, ainda assim afague, demonstre ternura, essa emergência pode chegar e ela estará disposta.

Quando ela sente seu interesse em agradá-la e percebe algum carinho, mesmo escasso nas suas atitudes, de pouca importância, passageiro, relâmpago, pode até ter sido "precoce" e não muito bom para ela, mas saiba que a lembrança será boa. Ao contrário, se você for "selvagem", "rijo", potente, delongado, e imediatamente ao terminar o ato se levantar correndo, como se tivesse acabado o tempo dela, sem nenhum afago, tomar banho, escovar os dentes, usar listerine, vestir sua roupa e insinuar que ela deve ir embora de sua casa de táxi, como se quisesse jogá-la pela janela abaixo, ou pegar as chaves para sair em seguida do motel, ela se sentirá um lixo descartável. E então, por que não ser elegante?

Mas, se por sorte, tiver alguma importância, dê preciosidade ao seu tempo na cama. Dê luminosidade ao beijo, tornando-os demorados, muitos, vários, participativos, de boca e vontade inteiras. Explore cada pedacinho do seu corpo como se procurasse um tesouro, e quando encontrá-lo reverencie-o, explore, investigue. Pergunte! Fale! Escute!

Nada motiva mais uma mulher e a inspira a fazer "tudo" (tudo mesmo) que agrade a você, do que fazê-la sentir que seu corpo está sendo descoberto. Cada e todas as áreas são erógenas e podem ser experimentadas, basta que se tenha habilidade para descobri-las e excitá-las.

Faça bom uso do que Deus te deu! Ele foi pródigo com os homens e sensível com as mulheres.

Como sabiamente profetiza Peter Mac Willians em *Quem acredita sempre alcança*, Editora Sextante: "É impossível se satisfazer com aquilo que você não deseje realmente".

Por isso, e por tudo de excelso e gratificante que o sexo pode fazer, deseje a mulher que está com você de corpo e alma.

Agora, alguns dados que devem interessar aos homens, para aperfeiçoamento, ou para terem mais uma arma contra as carências femininas.

Pesquisa "Até onde você vai?", *Marie Claire*, 2005. Entrevista com 2.330 leitoras entre 20 e 40 anos em vários estados do Brasil – Maria Adan e Eliana Castro. O anonimato desta pesquisa faz que as respostas sejam "próximas" da "verdade":

- sexo no primeiro encontro – 26% contra 74% disseram que não;
- gostam de receber sexo oral – 86% contra 14% que não gostam;
- gostam de fazer sexo oral – 26% contra 74% que não fazem ou fazem sem gostar;
- experimentam posições diferentes, veem filmes, livros, revistas – 80% contra 20% que nunca experimentaram novidades;
- usam lingerie sensual e acham que faz a diferença – 61% contra 39% que ou não usam ou acham que não faz a menor diferença;
- já foram amarradas ou algemadas – 19% contra 81% que não gostam ou não fariam de jeito nenhum;
- já amarraram o parceiro – 23% contra 77% que ou não fizeram por não gostar ou o parceiro não permitiu;
- já foi vendada – 20% contra 80% que não;
- já vendou o parceiro – 23% contra 77% que não.

A mulher, quando não se entrega no primeiro ou nos primeiros encontros, dizendo "ainda não estou pronta", na maioria das vezes o faz não por falta de vontade, mas sim porque gostaria de receber um selo de garantia, pois imagina que os homens dizem e, aliás, alardeiam: "Se fez comigo da primeira vez, então é porque faz com todos".

Posso resistir a tudo, menos à tentação.

OSCAR WILDE

Os mesmos afetos no homem e na mulher têm ritmos diferentes: por isso, o homem e a mulher não cessam de se desentender.

FRIEDRICH NIETZSCHE

Capítulo 5

REDUNDÂNCIA: POR QUE VOCÊS NÃO LIGAM?

Banheiro de um shopping center da zona sul do Rio de Janeiro, 19 horas.

Renata: mulher de 30 e poucos anos, bem vestida, provavelmente com roupas daquele shopping; um relógio que se fosse "fake", seria bastante convincente; bolsa de marca, diferente do **sapato "tipo Chanel"** (ver Glossário): "escova" recém-feita, maquiagem discreta, sobrancelha personalizando o rosto. Comum.

Andréa: calça jeans com blusa estampada de zebra, de idade aproximada à da amiga, carteira de cigarros na mão, voz um tom acima do elegante. Bonita.

Andréa: Ai que raiva, o cara com quem fiquei ontem não ligou!

Renata: Não acredito, Andréa. Você achava que ele ia ligar? Não aprendeu ainda que os homens são todos iguais? Pegam o telefone apenas para ter o que falar na hora de se despedirem... Pior foi comigo. O cara que conheci ontem nem se deu ao trabalho de pedir meu telefone.

Andréa: Acho até melhor. Daí você não cria expectativas. Eu fiquei o dia inteiro esperando. Já acessei a caixa postal do celular várias vezes. Fiquei grudada ao telefone, tirando do gancho para ver se estava com linha. Perdi a praia, não fui ao cinema. E nada! O pior é que foi tão bacana, tinha a certeza de que ligaria. Não foi só o beijo na boca que foi ótimo. Não! Fiz tudo direitinho; não fui para a cama, como manda o figurino. Conversamos um tempão. Ele falou até que tinha um filho. Pagou minha conta. Só pode ser maluco.

Renata: Amiga, o que será que acontece na cabeça desses homens? Se a gente vai para a cama é porque foi e se não foi é porque deveria ter ido. A gente fica sem saber o que fazer.

༺ ༒ ༻

Meus amigos homens, por que vocês não ligam no *day after*?

No dia seguinte à cama, no dia seguinte ao beijo, no dia seguinte ao papo... no dia seguinte?

O que custa um alô básico, mesmo descompromissado, só para ela não achar que é descartável ou pelo menos para parecer que não foi tão ruim assim?

Acho que esse assunto dará um próximo livro, porque é uma queixa unânime entre todas as mulheres. Todas e qualquer uma, em algum momento ou frequentemente, já sofreram ou sofrem desse desengano.

Já perguntando a incontáveis homens a título de "laboratório", tentei entender o que se passa na cabeça de vocês quando prometem e não ligam.

Uns garantem nem se lembrar do que prometeram. Outros falam realmente apenas para ter o que dizer na despedida. Alguns até chegaram a pensar em ligar, mas foram interceptados no meio do dia ou do caminho. Ou reencontraram alguém. Para outros, ainda, a mulher não valia a pena além daquele dia. Ou "ela" não era o que esperava. E alguns sempre esperam por alguém melhor.

Ah, se vocês soubessem quanto as mulheres sofrem e que até morrem um pouquinho a cada uma dessas vãs esperas!

Liguem, por favor, por educação, por agradecimento ao prazer que lhes foi concedido, pelo que ela poderia te dar se você quisesse, por elegância, em respeito às mulheres, em nome daquelas que já mereceram seu respeito, por vaidade, para compensá-las, por interesse, por precaução, em homenagem àquelas que lhes são próximas e, certamente, também já sofreram deste mal, ou por já terem sentido na própria pele a aflição da espera, ou até para dizer que não ligarão mais, mas liguem.

Liguem com assunto, ou mesmo sem ele. Liguem, porque sem sua ligação cada minuto de espera adia um pouquinho a vida dela naquele dia.

Puxem a fila, comecem a ligar. Agora!

Ligue para aquela com quem você saiu anteontem. Se você já faz sucesso com as mulheres, passará a ser o rei de todas elas; se ainda não, passará a ser disputado a tapa. Mas atenção! Cuidado! Ligue sem excesso.

Aviso: mulher não gosta de grandes facilidades. Por exemplo (mulheres, desculpem-me a pequena traição, mas é para o bem de todos), o ideal é não ligar em seguida: assim – estava com ela à noite e acordou, ligou. Não! Ficará fácil demais. Se for durante a semana, o melhor é acordar, ir trabalhar, chegar em casa à noite, assistir ao seu jornal na TV e apenas telefonar no dia seguinte para combinar o fim de semana.

Se for fim de semana, você deve acordar, sair, correr, ir à praia, tomar chope com os amigos e só deve ligar à noite para combinar para o outro dia ou para a próxima semana, de preferência.

É infalível: precisa ser em doses homeopáticas, ao menos no começo, senão gasta, sufoca e desperta desinteresse.

Sempre temos de ter a sensação de ter algo mais para conquistar.

Se não pretender ligar de jeito nenhum, nem peça o telefone. Apenas diga: "Te cuida!", e ela vai entender direitinho e vai fazer a fila andar. Azar o seu.

Se está em dúvida ou com um leve comichão – surpreenda-a por ligar, mas exercite a curiosidade e com uma pequena espera, provoque o desejo nela.

Quando Moisés pede ao Faraó do Egito que liberte seu povo, ele faz um desafio: "Mostre-me algo que te surpreenda".

> Deixemos as mulheres (apenas) bonitas para os homens sem imaginação.
>
> MARCEL PROUST

Capítulo 6

QUE IDADE ELA TEM?

Banheiro de um banco de pequeno porte, em Belo Horizonte – MG.

Gisele: mulher de 39 anos declarados dentro do banheiro, funcionária antiga do banco, que exercia posição de gerente. Calça preta não muito clássica, mais permitida para pessoas magras como ela e com sapatinho baixo, decote um pouquinho além do conveniente para o trabalho, rosto interessante, cabelos curtos, relógio e bijuterias de gosto discutível, sorriso bonito e alegre.

Carol: mulher de 30 anos, convencida de que sua idade era o limite das possibilidades de casamento, alta, bonita, cabelos na altura da cintura, tipo na moda (do passado), calça preta e camisa branca.

Obs.: elas falavam sobre uma festa de confraternização acontecida na noite anterior, envolvendo todas as filiais do banco em que ambas trabalhavam. Por cuidado com minha presença ou por educação falavam em tom de voz baixo.

Gisele: Que ódio! Por que aquela idiota foi falar minha idade para o Alberto? Ele perguntou e eu insinuei que tinha mais ou menos a idade dele. Lambisgoia! Incompetente! Invejosa! Coisa de mulher mal comida. Sei do que ela está precisando.

Carol: Calma! Você está ótima, ninguém dá sua idade. E que idade ele tem?

Gisele: Trinta e dois. Que ódio! A gente "ficou" ontem à noite na festa. Maior queimação de filme na empresa! Pra nada!

Carol: Amiga, tenho que concordar com você que muitos homens dão importância a esse negócio de idade. Acho que é uma grande besteira. O importante é a gente estar bem de cabeça e se cuidar, mas para te confessar até eu já estou começando a ficar preocupada, porque fiz 30 anos. Parece que muda tudo. Você já parou pra pensar que mais uma amiga nossa, a Sandrinha, vai se casar? E nós? Só ficando... e ficando pra trás. É um absurdo, mas homem pode casar quando quiser. A gente vai ficando na dependência deles. Injustiça! Eu, quando tiver filhos, quero que todos sejam homens. A vida os privilegia demais.

⁂

Eu sei: se você não for fútil, vazio, não se importará, mas amigos homens, em geral, o que é que são sete aninhos de diferença?

E como é que alguma mulher pode estar bem de cabeça se a maioria dos homens mais velhos gosta de mulheres mais novas e os novos ou também gostam das novinhas ou querem as mais velhas apenas para um casinho fortuito, para contar aos amigos, ter aprendizado ou simplesmente por desafio, mas raramente para compromisso.

Como é que se pode ter uma boa cabeça, se temos um relógio biológico que tilinta sempre mais forte a cada ano que passa? Se do nosso corpo e aparência se exige tanto. Se se espera tanto de nosso trabalho, de nossa administração domiciliar, de nossa criação dos filhos, de nosso desempenho na cama, de nossa participação financeira no lar?

Como é que se pode ter uma "boa cabeça" se vocês se lembram de números o tempo todo: idade, peso, altura e têm os olhos toldados para os números que não sejam padrão? O que são sete aninhos no caso acima?

A mulher mais velha sabe como cuidar melhor do corpo, da higiene, sabe se doar para dar mais prazer a um homem, receber com maestria seus amigos, fazer planos e poder cumprir, ser carinhosa para suprir suas carências, morar sozinha se for preciso...

Meu caro, se você foge a essa regra, não tem o coração empedernido e não usa de rigor para avaliá-las, parabéns! Anacrônico, é o ponto fora da curva, mas se ainda não o é, pare para pensar. Somos tão condescendentes com todos os homens. Perdoamos e continuamos tão carinhosas, mesmo com uma barriguinha proeminente pela frente, um cabelo escasseando, disfarçado a olhos vistos, uns pés de galinha gritantes no rosto, uma falta de ereção "de vez em quando", um porre infrequente no final da noite, uma roupinha mal combinada para ir a uma festa, uma espinha na testa no dia do casamento, o arranhado da barba sem fazer por três dias seguidos, a reclamação de dor infinita de um furinho no dedo, o controle remoto como rival, a "pelada" (se não for uma mulher), a toalha molhada na cama depois do banho, ser atenciosa mesmo na TPM, cortar o cabelo e trocar de brinco sem ser notada, ligar várias vezes com seu celular fora do ar, dançar sem que você tenha ritmo, ou nem dançar a festa inteira, caso você não goste.

Dê chance para as mulheres vividas, não as olhe com aquele "olhar acostumado". Segundo Friedrich Nietzsche, "não há fatos, só interpretação", então, tudo depende do quanto você é míope para com as mulheres ou "da acuidade de seu olhar".

Só a título de curiosidade: à humanidade nos últimos séculos foi acrescentada a expectativa de vida de 29 anos e, segundo Alexandre Kalache, coordenador do Programa de Envelhecimento da OMS (Organização Mundial de Saúde), o mundo tem de se preparar para ter igual número de jovens e idosos.

Mas, voltando ao assunto, uma amiga minha, vamos chamá-la Marina, que morre mas não conta a idade, nem para a melhor amiga, que faz conta, faz conta e acaba tendo somente uma vaga ideia, começou a pipocar com erupções por todo corpo e um aparente edema de glote (reação alérgica que fecha a garganta), provavelmente após ter comido camarão numa festa.

O namorado e a amiga correram para levá-la à emergência de um hospital, por sorte próximo à festa em que estavam. Ao chegar, foi colocada em uma maca para aplicarem o anti-histamínico (antialérgico) na veia imediatamente, devido ao agravamento rápido de seu estado.

O namorado tomou-lhe a bolsa para aliviar o peso.

A enfermeira perguntou se tinha plano de saúde e pediu a carteirinha com a identidade.

Seu namorado João retirou a carteira para pegar os documentos, quando de repente, Marina, mesmo com a garganta quase fechada, pulou da maca e arrancou-lhe a carteira das mãos.

Assustado, João perguntou-lhe: O que é isso, Marina?

Muda, ela retirou a carteira de identidade, colocou dentro do sutiã e deu a carteirinha do plano de saúde, enquanto o outro braço era tomado por uma enfermeira que lhe aplicava a injeção.

Já no reservado, onde ficaria por algumas horas em observação, sob os risos da amiga e do namorado, ele perguntou: Que chilique foi aquele Marina?

– Vocês iam ver minha idade? Nem morta.

– Mas você não tem 39 anos?

– Tenho, mas na identidade está errado.

Risos... risos...

Pessoal, essa história é verdadeira!

Então, nada desse assunto nefasto: qual a sua idade? já no começo da conversa, deixe isso pra lá. Ou melhor: pergunte depois do casamento. Tudo bem?

> ...um ornamento é também um esconderijo.
>
> FRIEDRICH NIETZSCHE

Capítulo 7

O QUE OS SAPATOS REVELAM

Banheiro em uma boate no Rio de Janeiro, em festa fechada de 40 anos de uma amiga, verão de 2006, 2 horas.

Eduarda: 40 e poucos anos, postura discreta, aproximadamente 1,70m, roupa com brilho, rosto e corpo pouco comuns, uma mulher interessante.

Fabrícia: 30 e muitos anos, músculos bem definidos, decote farto, cabelos louros, cuidados, mas não muito bem pintados, brinco até o ombro, boca atraente, postura não muito discreta.

Fabrícia: Eduarda! Que embrulho enorme é esse que você está tirando da bolsa?

Eduarda: Um sapato, oras!

Fabrícia: Um sapato? Como assim? De dentro da bolsa?

Eduarda: É isso mesmo. Sempre que posso levo um sapato extra. Caso eu precise, está ali disponível.

Fabrícia: Mas você já está de sapato. Pra que outro?

Eduarda: Trago sempre por precaução. Hoje, por exemplo, acho que esse outro combina melhor.

Fabrícia: Mas a festa já está quase no fim, além do que você não experimentou vários antes de sair?

Eduarda: Experimentei, mas agora mudei de ideia.

Fabrícia: Vejo que você tem razão. Eu também tenho mania de sapato, mas nunca levei um extra dentro da bolsa, mas adorei a ideia.

~~~

Loucura? Não! Mulheres!

O fascínio que os sapatos exercem sobre as mulheres só Freud poderia explicar.

Tem algo da mãe (como tudo sempre tem), por gostarem ou não dela, por quererem copiá-las ou por rejeitá-las; algo de insegurança, por terem várias opções, visto que as várias possibilidades podem combinar com o humor, algo de certeza em achando que eles lhe dão imponência, já que pisando firme ou leve pode revelar grandeza ou insignificância; algo de segredo ou de fálico, por trazerem sedução; de alternativo, pois definem o estilo; de confissão, quando mostram o estado de espírito.

Observar com cuidado e complacência estará te proporcionando incontáveis revelações. Acredite ou não, seja uma dúvida recorrente ou não, ter 58 pares de sapatos ou simplesmente 20 pretos, quase iguais, não significa nada excessivo. Para ela, entre seus indispensáveis pares, existe uma diferença abissal. Creia nisso com veemência. Cada par pode ter um significado importante, mesmo que todos pareçam iguais.

Quando falamos de homens, até no calçado eles são transparentes: dos pés à cabeça – cada um tem seu tipo de sapato que, quase com certeza, qualquer que seja a ocasião, denuncia seu gênero.

Por exemplo, se ele faz o tipo "tênis", vai usá-lo desde à tarde tomando chope à festa de casamento, se sua mulher não interferir ou reclamar.

Já com as mulheres, o caso é bem diferente: elas e seus sapatos mudam com o humor.

Sendo assim, vamos falar a seguir dos modelos que elas usam habitualmente para trabalhar. Porém, isso está longe de ser uma verdade absoluta, porque quando saem à noite colocam outro; quando vão ao cinema, mudam novamente; quando vão a uma festa de gala, mudam de novo; quando recebem amigos em casa, sem dúvida são diferentes; porém, se for recebê-lo sozinha, ainda que em casa, vão ser diferentes de novo. O que significa que, a cada momento, há uma novidade a ser descoberta.

Lembramos que como verdade absoluta só a velocidade da luz, tudo aqui são sugestões e conclusões dentro de uma amostragem confortável.

Salto altíssimo, fino, agulha, cores fortes, como vermelho--sangue, amarelo-ovo, azul-céu

Revela mulheres fálicas, que querem provocar.

Sua roupa íntima de uso diário deve ser escassa e vermelha; a que ela vai vestir nos momentos de intimidade com você provavelmente também seja vermelha, com zíper, sininhos, lacinhos, penas e tudo mais de singular que você tenha direito. Você vai poder se esbaldar.

Na cama, elas não se negam a realizar extravagâncias. Apenas não se assuste se ela chegar com um chicote... pode acontecer.

Se você gosta de mulheres discretas, esse não é bem o seu tipo porque, da mesma forma como escolhem a lingerie, os vestidos também podem ser justos, curtos, com algumas blusinhas que deixam a barriga de fora, que às vezes carregam um piercing, que tem sua graça quando o abdômen permite.

Mas, caso você procure alguém que chame a atenção, deu o tiro certo. E, se não gostar, pode valer a pena o investimento, caso a única coisa que te desagrade sejam as roupas.

As mulheres apaixonadas têm uma capacidade de adaptação incomensurável e você certamente poderá fazê-la mais próxima de seu tipo.

Para isso, basta elogiar quando ela estiver menos extravagante. As mulheres são como camaleoas, quando querem agradar um homem.

Quando levá-la para jantar, escolha um lugar badalado, um botequim pé sujo (limpo), uma churrascaria da moda. Pode pedir chope ou caipirinha.

Presenteie-a com um perfume forte, um vestido sexy ou um buquê de rosas vermelhas, a não ser que deseje que ela vá mudando aos poucos, sem que se dê conta, presenteando-a com roupas mais discretas.

Sapato baixo, tipo Chanel (é aquele sapato aberto atrás com uma tirinha no calcanhar), com meia fina cor pastel (cor bege-claro, ver Glossário), ou mocassim sem salto

Provavelmente ela deve trabalhar de terninho e gostar de sair para se divertir com calça jeans e camisa branca ou rosa-claro. Pode ser que faça estágio de direito ou já seja advogada. Usa calcinha amarelinha, azul-bebê ou branca de tamanho padrão – mais para grande que pequena.

Não anda sem sutiã e, se o vestido for decotado, será daqueles que apenas insinua, mas não mostram nada.

A roupa da noite é igual, discreta. O vestido de noiva também, porque essa mulher corre o risco de sua mãe achar que é a nora que pediu a Deus, logo na primeira vez que a vir (não que todas as demais não te inspirem a isso, porque cada uma tem seus atrativos, mesmo sendo muito diferentes).

Na cama, pode trazer revelações, mas é melhor você, na primeira vez, não chegar mordendo e falando palavrão porque pode levar um tabefe.

Ela é daquelas que chupa uma bala até o final sem morder...

Sapato ou sandália de salto grosso, com tiras mais largas no dorso dos pés, tipo franciscana, marrom ou preta

São mulheres mais voltadas para o intelecto e, mesmo com um decote mais ousado, não caem na vulgaridade, pela postura mais séria que apresentam.

Sorte sua: ela usa cabelo natural como Deus lhe deu, e você não terá que sentir por três dias o cheiro de amônia da **"escova progressiva"** (ver Glossário).

Ela vai adorar pegar um filme iraniano para vocês assistirem no sábado à noite; um filme bem "cult".

É bom que você goste de programas alternativos, como cursos de Cabala.

Na cama sexo tântrico, depois de fazer respiração de ioga, regado com suco de clorofila e biscoito de gergelim.

Calcinha? Com desenho do seu signo para agradá-lo.

Presente? Livros, almofadas para sentar no chão da casa dela, uma viagem com direito a banho de cachoeira, nus de preferência.

Vale à pena testar, pois, com certeza vai ser novidade e se bem explorada pode fazer excelentes surpresas.

Sandália com salto, preta de verniz, com pedras ou *strass* e tiras fininhas mostrando os pés

São sensuais e também gostam de algumas extravagâncias. Usa calcinha com estampa de onça e adoraria ganhar um livro sobre o Kama Sutra.

Ao convidá-la para sair, peça uma tequila.

Normalmente são seguras e têm certeza do que querem.

Sandália rasteira, baixinha, ou sapatilhas de todos os tipos também sem salto nenhum em qualquer ocasião

Classe é a palavra de ordem.

Melhor que leia logo o capítulo que trata dos itens básicos de etiqueta.

A roupa faz conjunto com a discrição dos pés.

São mulheres que não gostam de chamar a atenção, a não ser que seja pela elegância.

Apreciam bons presentes e restaurantes de qualidade.

> Induzir o próximo a ter boa opinião de você
> e depois acreditar piamente nessa opinião?
> Quem é igual à mulher nessa arte?
>
> FRIEDRICH NIETZSCHE

Capítulo 8

Confronto entre mulheres: risco de vida

Banheiro em boate na zona sul do Rio de Janeiro, que durante alguns anos até 2004 promovia festa todo sábado para solteiros ao som de músicas dos anos 70.

A faixa etária dos frequentadores variava entre 30, 35 e o infinito, mais para o infinito do que para os 35 anos, com a possibilidade de se encontrar alguns raros mais jovens que ou tinham perdido a mãe ou pego o bonde errado.

Por ansiedade, solidão ou urgência de prazer, via-se ali, como em quase todo lugar onde se bebe na penumbra, as pessoas se vestirem de personagens diferentes do dia a dia de trabalho e de família.

Era um "palco iluminado", onde todos e qualquer um poderia se soltar, tomar a iniciativa, beber à vontade, trocar de par e só sair de lá sozinho(a) se quisesse. Depois que a garotada instituiu "ficar" e os mais velhos aderiram com maestria, como espectador(a) nessa boate poder-se-ia ver um casal, no período entre 21 horas de um dia às 6 horas do dia seguinte, paquerando ao som de Frank Sinatra, depois namorando, noivando, quase casando e se separando ao som de "Eu sou de ninguém, eu sou de todo mundo e todo mundo é meu também", com ou sem uísque e muita fumaça.

O som ensurdecedor fazia da conversa uma necessidade de segundo plano; aí, quem sabe, as conversas de banheiro tivessem uma justificativa maior como a que segue entre duas mulheres na faixa de 40 anos, provavelmente de classe média, de boa aparência e aparentemente solteiras ou ao menos disponíveis naquela noite.

Eduarda: morena, cabelos fartos, rosto anguloso e marcante, corpo básico, roupa apropriada para uma boate, maquilagem forte, cigarro e copo de uísque em punho.

Júlia: loura, cabelos bem pintados, boca atraente, voz sussurrante, corpo bonito, aproximadamente 1,70m, seios talvez de silicone.

Júlia: Amiga, você viu aquele "gatinho" enorme que parece um cavalo de raça, de camisa preta, perto do bar? Pois é, ele segurou no meu braço quando estávamos caminhando para o toalete e me pediu para na volta parar ao seu lado para conversarmos.

Eduarda: Claro que vi, ele não parava de olhar pra mim.

Júlia: Impossível amiga. Acho que ele olhava através de você, porque eu sou mais alta e você estava na minha frente.

Eduarda: Nada disso, engano seu, ele olhava bem dentro dos meus olhos. Mas, se quiser, deixo você ficar com ele. Ele até que é bonitinho, mas meio suburbano, e eu prefiro homens mais velhos.

Júlia: Como assim? Desde quando você pode me deixar alguma coisa e gosta de homens mais velhos? Você sempre se "amarrou" num garotão.

Eduarda: É verdade, eu gostava, agora estou começando a me interessar por homens mais velhos, que querem compromissos mais sérios.

Júlia (gargalhando meio forçada): Essa é boa; então começou com essa moda hoje, não é? Além do mais, desde quando se arranja compromisso sério numa boate como essa?

Eduarda: Desde que se tenham atitudes sérias?

Júlia: Como? Aqui nesse empurra-empurra, nessa muvuca, fumando, bebendo, dando beijo na boca de qualquer um, onde não se ouve nada?

Eduarda: Pode ir... pode ir... se não quando você chegar lá ele já estará com outra.

Viram? Esse fato é verdadeiro, e ocorreu na frente de várias outras mulheres que se amontoavam numa fila dentro do banheiro.

A lição que se aprende dessa conversa é que, tirando as mulheres com votos de castidade e pleno desprendimento material, a grande maioria delas, dentre irrefragáveis qualidades, vem com defeito de fabricação, quando se trata de disputar com outra mulher. Mesmo que algo ou alguém não seja seu objeto de desejo, se for confrontada, ela passará febrilmente a desejá-lo.

Talvez porque demasiadas coisas são cobradas de nós, como, por exemplo, a aparência que tem que estar sempre impecável, sendo o básico extenuante, como: fazer sobrancelha, para dar personalidade ao rosto; depilação para se imaginar lisinha e atraente; cabelos sem vestígios brancos, para não refletir desleixo e para disfarçar a idade; unhas impecáveis, mesmo lavando a louça; inexistência de uma barriguinha, ainda que tenha tido filhos; chá de camomila nas olheiras para não demonstrar insônia, antiespasmódico para camuflar a dor; pelos do corpo alourados para parecer ariana; pele macia para merecer carinho.

É o pecado da comparação que vivemos permanentemente a todo e cada instante. Um dia inventaram que a mulher deveria ser sempre comparada às outras mulheres para merecer uma classificação e qualificação, e assim esse método tem sido utilizado por séculos.

Depois de Einstein, menos a velocidade da luz, que é absoluta, tudo na mulher é relativo. Aos homens se concede a individualidade, independentemente do resto do universo, como se fossem soberanos.

Nada contra; aliás, falo exaustivamente disso no livro *Como pegar seu homem pelo pé – e permanecer com ele*, porque com veemência sugiro reverência das mulheres aos homens, para que eles possam exercer sua vaidade e se sintam indispensáveis e únicos ao lado de sua mulher, o que até mesmo é a forma mais sábia de perpetuá-los.

Voltando à comparação entre as mulheres, se você quer cruelmente maltratar alguma, compare-a a outra igual, pior ou melhor, não importa.

Se deseja agradá-la, jamais a confronte com qualquer outra, nem que ela, conscientemente, tenha plena certeza de que uma outra, por exemplo, sendo uma deusa, atriz, modelo, é mais bonita que ela. E, pode ter certeza: ela sempre tem plena consciência disso e você não pode jamais falar.

A rivalidade entre as mulheres talvez seja seu pior defeito, quase um pecado capital e varia conforme os graus de insegurança e autoestima que cada uma possua.

Você pode até numa discussão tirar a razão dela, para concordar com um homem, mas não deve fazer isso jamais se a discordância dela for com outra mulher e se a outra for bonita é sua morte anunciada.

Se, numa festa, você por acaso encontrar com sua ex, dance, abrace e beije sua atual, para que ela não se sinta ameaçada. Se a ex for bonita, faça então tudo com mais veemência. O difícil vai ser dosar, porque se demonstrar demais, ela vai achar que você está querendo se mostrar porque ainda tem alguma coisa com a outra.

Pouco é pouco e muito é muito, ao menos neste caso: equilíbrio!

Se for chefe de duas mulheres, nunca dê tarefas parecidas que possam ser comparadas para avaliação da melhor; se precisar agir assim não compare, e se existir plateia então você pode estar criando "cobras dentro do seu próprio ninho".

Em qualquer ocasião ao lado dela, caso se defrontem com outra vestida absolutamente igual, mesmo que de forma gritante, como com um vestido rosa fúcsia, com plumas, finja que não viu e, se por acaso ela comentar, diga que nela ficou tão melhor que você não havia percebido a presença do outro. Mesmo que ela não acredite, ficará feliz e irá compensá-lo por isso.

Quando em um local público, para infelicidade sua, numa mesa de executivos ou de homens e mulheres cultos, onde a conversa girar em torno da valorização do dólar, ela perguntar se "midi" é aquela saia que vai até a metade da perna, abaixo do joelho ou outros comentários incongruentes, mesmo querendo enforcá-la, não a ridicularize. Diga aos presentes que é esse senso de humor uma das coisas que mais admira; porém, depois ao chegar em casa, acerte as contas e a faça jurar que lerá o jornal todos os dias, ou que está proibida de falar em público a não ser que o assunto seja botox, academia e desfile de modas... se realmente ela só se interessar por esses assuntos, sugira a ela que sempre se desculpe dizendo-se afônica, mas jamais a desautorize diante de outras mulheres.

Assuma uma posição e atitude incorpóreas, caso seja posto em cheque e passe pelo constrangimento de necessitar fazer uma comparação.

Atenção! Se ela tentar testá-lo, pode ser um estratagema, e você estará correndo risco de vida.

Cuidado! PERIGO!

> O tamanho do amor das mulheres é desconhecido mesmo por aqueles que são objeto de sua afeição, por causa da sutileza dos sentimentos e por causa da ambição e da natural inteligência feminina.
>
> KAMA SUTRA

Capítulo 9

SOGRAS: AME-AS OU AS TENHA POR PERTO

Banheiro do aeroporto de Porto Alegre, 16 horas.

Dilma: aparentando uns 50 anos bem vividos, bem cuidados e provavelmente não confessos, devido à aparência vaidosa, loura, aliança na mão esquerda, sobrancelha marcante, olhos bem maquiados, roupa discreta.

Ingrid: beirando os 40 anos, calça jeans justa, camisa branca insinuando os seios, sandália alta, cabelos longos mais que o "donaire" recomendasse, voz provocativa, também casada, ou seja, com aliança.

Ingrid: Dilma, sabe que morro de inveja de você?

Dilma: De quê?

Ingrid: Da sua sogra. Pra dizer a verdade, do quanto você se dá bem com ela. A minha é uma bruxa, se mete em tudo, reclama de tudo, mexe em tudo. Só de saber que ela vai passar uns dias lá em casa, me dá arrepio, comichão. Sabia que, desde a penúltima vez que ela foi nos visitar, eu coloco laxante no suco dela? (risos)... mas só um pouquinho. E tenho que me controlar para não rir, quando ela diz que não está passando bem. Sempre pergunto se ela quer um remedinho e que deve ser a água que aqui tem muito cloro. Da última vez ela ia ficar uma semana... só ficou três dias. (risos)

Dilma: Garota, você é maluca, e se o Márcio descobre? Ou se ela passa mal de verdade?

Ingrid: Não tem perigo, não. Eu li a bula, vi a quantidade pela faixa de idade e só dou um terço do indicado na posologia. É o único jeito. Antes ficava em casa o fim de semana; depois começou a ficar durante a semana. Agora disse que vai ficar uns dias. Se eu deixar vai acabar se aboletando para sempre.

Dilma: Graças a Deus, realmente me dou muito bem com a minha sogra. Até isola (e bateu na bancada umas nove vezes).

Sogras...

Saiba lidar com a sua e entenda a lida de sua mulher com sua mãe.

Freud, se estivesse vivo, talvez repensasse e lograsse de muito mais casos de sucesso, sugerindo que muitos problemas advêm das sogras e não somente das mães.

Segundo ele, a causa principal da maioria dos traumas de infância somos nós, indefesas mães, sem questionar a possibilidade de que vários traumas de adultos são as sogras.

Felizmente, não posso opinar sobre isso com conhecimento de causa, porque fui premiada com uma sogra verdadeiramente maravilhosa, mas conheço casos aterrorizantes.

Sugiro que o bom entendimento se dê logo no primeiro contato, para não cultivar sequelas. Se você tem uma sogra como a minha talvez nem precise de recomendações. Se não tem, seria bom conhecer algumas das regras básicas, a seguir.

Antes de ultimar sua decisão por uma mulher, conheça e analise a sogra, mesmo que na surdina. Com prudência.

Faça uma leve investigação. Comece por umas perguntinhas ligeiras e discretas para a pretendente-alvo, como se fosse apenas interesse por tudo o que lhe dissesse respeito e vá catalogando na memória, para uso na pesquisa e arquivo para cobrança, caso resolva ficar com sua pretendente.

Convença-a a mostrar uma foto da mãe, dizendo que é para ver se a mãe é tão bonita como ela. Retenha na memória. Você vai precisar quando for segui-la, para verificar quem é essa mulher de verdade.

Descubra:

a) onde sua sogra trabalha; ligue para a empresa dizendo que é de algum banco e está fazendo o cadastro dela, reunindo o máximo de informações possíveis;

b) vá à praia ou clube que ela frequenta para dar uma espiada. Caso ela não vá à praia, se informe se ela frequenta alguma academia e faça uma aula como convidado;

c) descubra o médico da família, para saber de que especialidade ela anda necessitando no momento;

d) procure sobre algum amigo em comum, porque "diz-me com quem andas que dir-te-ei quem és";

e) fique escondido atrás da banca de revista em frente do trabalho ou da casa da futura sogra para, quando ela sair, você poder dar um esbarrão forte e ver como é que ela reage diante dos sustos ou incômodos.

Lembre-se: durante sua investigação, todos os cuidados devem ser tomados para que você não seja acusado de assédio, preso por perseguição ou tentativa de sequestro.

E se, mesmo insatisfeito com o que viu ou descobriu, você resolver por ficar com sua pretendente, desejo boa sorte!

Acredite: sua futura sogra é um sinalizador importante de como será sua parceria no futuro e sua pesquisa, um trunfo a mais que terá nas mãos... e, como tudo na vida, como toda ação corresponde a uma reação contrária da mesma intensidade, você pode ter uma influência e participação decisiva no seu relacionamento com ela.

Salvo raros enganos ou o temperamento pode ser um referencial ou o corpo pode te situar ou as duas coisas podem te poupar dos perigos dos tempos que hão de vir.

Digo a tempo e com veemência que as brincadeiras acima foram apenas um gracejo inofensivo meu, juro, apenas para fazer graça, para mostrar que sogra é coisa muito séria. Agora, falando sério, quero dar algumas sugestões mais sensatas, verdadeiras e de coração:

1. Lembre-se de que sua mãe também pode ser sogra e certamente você gostaria que ela fosse respeitada, assim como a mãe da mulher que você escolheu.

2. Não seja puxa-saco. Vai ganhar muito mais sendo espontâneo e gentil naturalmente. **"A boca fala do que está cheio o coração" (Jesus Cristo)**.

3. Faça um pequeno agrado desde o começo, para tê-la como aliada, e continue agradando para o resto da vida.

É uma questão de sabedoria e prudência, até porque não há ninguém no mundo que não se renda ao carinho. E é bom saber que com uma sogra enfurecida você pode ter graves e custosos problemas, enquanto uma aliada pode ajudar a resolver muitas questões..

4. Não a use de escudo quando estiver discutindo com sua mulher, para ofendê-la. Nunca! Jamais! Mãe é coisa muito séria.
5. Mostre que trata bem a filha dela – toda mãe se rende a isso.
6. Mantenha uma distância confortável com certa cerimônia – previna atritos.
7. Não a tenha como rival. Ela pode ser sua maior aliada.
8. Não leve tudo o que ela disser ao pé da letra: considere a diferença de idade entre vocês.
9. Se for o caso, faça meditação, respire fundo, conte até 5 mil, quando quiser responder e precisar se conter.

Minha amiga Jack ouviu uma frase, e me contou. Não sei quem é o autor, mas cabe para uma situação com a sogra como em todos os momentos de nossa vida: "Melhor ser feliz do que ter razão".

Last but not least, atenção: na dúvida, tenha-a (a sogra) sempre à vista.

> O coração não tem rugas.
>
> Madame de Sévigne

Capítulo 10

Juventude ou vida vivida?

Banheiro em um teatro do Rio de Janeiro – 21 horas.

No toalete de um teatro no Rio de Janeiro, antes do início do espetáculo, que dentro de um humor sensível e uma coincidência procedente encenava no palco o avançar da idade, suas perdas, aquisições, contratempos, experiências e embaraços.

Várias senhoras idosas: sendo mais sutil, genuinamente dentro da terceira idade, com certeza, dos 60 anos, boa aparência, bem vestidas e penteadas; duas aparentemente casadas e uma viúva, solteira ou separada.

Poderiam se chamar Alice, Maria, Dalila, Glória ou Risa, embora nessa história elas fossem muito maiores que seus próprios nomes porque tive o prazer de constatar que o confessionário do banheiro guarda segredos seculares.

Primeira conversa no banheiro:

Duas senhoras, ambas com idade próxima, para mais ou para menos de 70 anos, escondidos por detrás de algumas plásticas. Elegantes, bem penteadas, com cabelos ao laquê de moda antiga. A mais nova, magra; a outra, nem tanto.

Vitória: Você já tomou a vacina para gripe?

Helena: Adorei a fotografia.

Vitória: Fotografia de quem menina?

Helena: Tomei há duas semanas; mas peguei uma gripe danada. A fotografia do filme de ontem.

Vitória: Linda mesmo. Mas gostei muito mais da peça de hoje.

Helena: A Alice disse que foi um dos melhores filmes que ela já viu. Exagero.

Vitória: Vamos tomar um café? Pensando bem, a essa hora, periga de eu não dormir.

Helena: Você tem tomado remédio para pressão alta?

Vitória: Tomo, mas não quero que o Ulisses saiba, por vaidade e para não preocupá-lo. Vamos passar um batonzinho e sair logo, porque o Ulisses fica enfezado quando demoro no banheiro.

Helena: Deus me livre. Detesto ver meu irmão bravo. Me empresta seu batom?

∼∞∼

A vida passa numa rapidez vertiginosa, mas os hábitos não se perdem no tempo, quer se tenha viçosos 20 anos ou vivido 70 deles.

> Na mocidade aprendemos.
> Na velhice compreendemos.
>
> Marie Von Ebner Eschenbach

Segunda conversa no mesmo banheiro.

Primeira "Garota" (*dizia para as outras*): Vocês viram a plástica da Laura? Acho que ficou artificial demais.

Segunda "Garota": É verdade; a boca fica rindo mesmo que ela esteja séria.

(risos)

Terceira "Garota": É por isso que não faço.

Primeira "Garota": Isso é besteira, eu já fiz duas vezes, aos 50 anos e recentemente aos 60 e poucos... risos... e todo mundo acha que estou ótima. A gente tem é que escolher bem o cirurgião, para não ficar com cara de ovo frito esturricado. (*risos, delas e meu, discretamente para não ser notada*)

Terceira "Garota": Eu tenho medo. Fico com meu "botoxizinho'" e meus cremes até onde der.

Segunda: O problema é que a Laura foi se casar com homem muito mais novo; então, fica sem saber o que fazer para parecer garotinha. Mas acho que mesmo assim ela está muito bem, ninguém nota a idade que ela já tem. Não é verdade?

Primeira (*aparentemente era a única desacompanhada*): Melhor do que eu, com certeza, pois ao menos está casada.

Terceira: Mas isso não garante nada. Ser casada, não quer dizer que está feliz.

Primeira: Engano seu querida. Você pode estar melhor que muita gente. Viaja o tempo todo, sai para dançar, tem sua turma que joga buraco, vai à hidro sem dar satisfação para ninguém.

Segunda: É, mas no Natal, no dia dos namorados, não tem viagem que compense.

Terceira: Vamos meninas, não estou gostando nada do rumo dessa prosa.

Mulheres mais velhas

Quando comentei que incluiria no livro um capítulo falando das conversas de mulheres idosas no banheiro, algumas pessoas riram e quiseram me alertar para a falta de interesse e pouco apelo que este capítulo despertaria.

Não sei bem o que se manifestou em mim: tristeza ou lucidez. Sei que me incitou ainda mais a explorar o assunto, assim como numa provocação ou homenagem a todas as mulheres que abriram nossos caminhos e que nos trouxeram até aqui e também porque a gente morre ou fica velho. Acho que no pretensioso arrebatamento e veemente impulso de tentar reeducar as pessoas, quebrar a resistência e alertar sobre essa visão míope insisti no assunto.

Alguns homens, hedonistas, por treino, capricho ou repetição, têm como mote somente a beleza e o vício da idade, desconhecendo que as mulheres somente se tornam picantes e sensuais ao acumularem tempo de vida.

No livro *Por que os homens mentem e as mulheres choram?*, de Allan & Bárbara Pease, os autores contam a seguinte história: "...num tribunal inglês, em 1952, é dada a sentença: a esposa de Walter Hycockes e a esposa de Peter Philips são notórias rabugentas. Fica decidido, portanto, que, se seus maridos e vizinhos se queixarem uma segunda vez, elas serão punidas com a cadeira da imersão". Naquele tempo, a mulher "infratora" era amarrada numa cadeira e mergulhada num rio ou lago por um tempo determinado, dependendo da "infração".

É dessas mulheres que nasceram nas primeiras décadas do século passado, guardados os exageros, que falamos. Daquelas que foram, silenciosa ou ruidosamente, abrindo os caminhos.

Que todas as mulheres mereçam homenagem, quer seja no dia 8 de março, dia da mulher, ou qualquer outro dia, merecem, mas pouco se fala delas quando envelhecem, como se o tempo lhes tirasse o direito de ficar em evidência como mulheres ou fosse algo profano lhes permitir que se envaideçam com sua própria beleza, quando a vida lhes vai roubando sem condescendência os dotes físicos e sua existência passa a ser inobservada.

A terceira idade, às vezes, chega a ser depreciativa enquanto, por direito que lhes pertence, devesse ser vista como referência e com reverência, pela vida vivida, usufruída ou mesmo desperdiçada e enxameada de conquistas, desilusões, prazeres e dores.

Hoje, tanto para homens quanto para mulheres, há a obrigação de ser bonito, jovem, e tornou-se quase pecado ir perdendo o viço, a disposição e o frescor da idade.

Envelhecer tornou-se quase um título de dívida.

O dever imposto traz mais encargos que benesses, mas há a obediência e a sujeição naturais, muito maior por parte da mulher, para que ela se sinta incluída, com consentimento e aprovação das outras mulheres principalmente.

O que fazer? Ou se come folha com folha (chocolate apenas no banheiro escondida e no escuro para nem você mesma ver), se faz plástica, lipo, botox, compra-se roupas, bolsa, joias que mudam a cada estação, se pinta o cabelo de 20 em 20 dias, ou se torna um eremita ou ainda se pratica ioga cinco vezes por semana, se lê textos budistas a cada noite e se faz meditação todo dia para sublimar sua anunciada exclusão.

Existe também a melhor alternativa, sem viver entre os dois extremos, mesclar um pouquinho de cada uma dessas obrigações e prazeres; e, em vez de se escravizar, somente se aliar a pessoas que também valorizem o que se tem de intangível, o conteúdo e que valha prestar verdadeira atenção, sob os olhos de quem saiba te ver por dentro e por fora à pequena distância.

Voltando ao banheiro: seja ela "gatinha" ou já testada pelo tempo, garota ou mulher de idade avançada, as conversas de banheiro sobrevivem importantes, mudando a prioridade dos assuntos e, assim, todos permanecem com charme, humor e importância vital.

Adolescentes nas suas experiências inaugurais, "virgo intactas", discutem o diário que acham que a irmã mais nova violou; as primeiras descobertas e desilusões, o beijo do primeiro amor que sempre parece ser eterno; a liberdade que reclamam nunca ter o suficiente; o quanto gostariam de ser mais velhas e ter 18 anos. Para serem "completamente" independentes, sem saber que aos 18 anos ainda não se sabe nada da vida.

Falam também: das mudanças que estão sentindo no corpo; dos desejos que começam a reprimir porque os garotos são tão diferentes das garotas e podem "tudo"; da amiga que "ficou" com o amigo da amiga; da outra amiga que transou a primeira vez e que está apavorada porque não usou camisinha; dos pais que estão se separando; das **"luzes"** (ver Glossário) que querem fazer nos cabelos e a mãe não quer deixar; do protetor solar que a mãe acha que ela está usando, mas que não está, porque o bacana é ficar com a bochecha bem queimadinha; dos seios que cresceram demais ou que ainda não cresceram nada; do "mico" que é o pai levar e buscar nas festas; da minissaia jeans que precisa comprar, apesar de já ter três, por questão de vida ou morte para ir à aula de inglês onde tem um "gatinho" novo na sala.

Das espinhas que tem no rosto e parecem ser o fim do mundo.

Do quanto doeu a primeira depilação, mas também de quanto adorou.

De todas as ansiedades da idade.

As de idade declarada conversam sobre as "baladas" noturnas, das viagens com o grupo de amigos no fim de semana, do "carinha" com quem saiu e não ligou; do outro com quem ficou na semana passada e que também não ligou; do "abadá" de Salvador, da primeira amiga que se casou, tão novinha; da outra amiga que estava chamando a atenção na última festa, mas que estava vulgar; do primeiro carro que comprou ou ganhou; do "carinha" com quem transou sem camisinha e que a deixou apavorada; das "luzes" que fez nos cabelos. Do "saco" que é ter que fazer depilação a cada 20 dias.

Do homem, 20 anos mais velho, que estão paquerando, que lhe dá segurança como quem não tem que dividir a conta, mas que a deixa meio sem graça de apresentar para as amigas.

Da gota de celulite que encontrou no canto superior do lado esquerdo da perna esquerda.

De todas as ansiedades da idade.

As mulheres de idade intermediária conversam sobre o cuidado que precisam ter com o corpo e de ficarem atentas aos sinais do tempo, da idade que cada aniversário começa a anunciar, da dieta de folhas com folhas e tortas de chocolate de sobremesa, que é a dieta perfeita para a ansiedade; dos filhos que ainda não teve, ou dos que teve e que já passam o fim de semana com o ex-marido; do "carinha" com quem estava saindo já há um mês, mas que é muito infantil e ela está sem paciência; da compulsão por chocolate e compras porque está muito ansiosa e precisa se policiar porque está negativa no cheque especial; da astróloga que indicará para a amiga; do personal trainer; do cara com quem saiu e não ligou; da amiga que engordou; dos primeiros cabelos brancos que descobriu e a deixou deprimida; do protetor solar que deveria ter começado a usar na adolescência; da fortuna que está gastando com a drenagem linfática que está fazendo sem ver nenhum resultado; do tratamento com ácido que começou a fazer para o rosto; do *reveillon* que, por não querer passar sozinha, vai obrigá-la a ligar para o "reserva".

Do cara dez anos mais novo que está paquerando, mas que provavelmente não tem futuro.

Das muitas ansiedades da idade.

As não tão novas, dos planos de fazer plástica que estão em pauta; da amiga que já fez plástica e não ficou boa; do final do casamento e do medo dos próximos natais; do "cara" com quem ficou na "night" e que não telefonou, e um outro dia do outro rapaz que conheceu na casa da amiga e que, graças ao bom Deus nosso Senhor, ligou; das vitaminas antioxidantes e cremes mágicos tensores e antirrugas que descobriu na última viagem à Europa com os quais gastou uma fortuna; dos óculos "para enxergar de perto" que deveria usar porque o braço está ficando curto para ler os cardápios, mas que prefere a morte a colocá-lo sobre o nariz; da dieta da moda e tratamento ortomolecular; do vernissage que tem na próxima semana; de quanto gostariam de ter menos idade, com o corpo dos 20 anos, a situação financeira e a cabeça de hoje; da amiga que encontrou na rua e a impressionou pela aparência acabada; dos filhos que já não consegue mais juntar no fim de semana; da vontade de ir para a cama com o cara que conheceu, mas já está escolada com receio de que depois disso ele suma; do aniversário que está próximo, mas não sabe se vai comemorar; afinal, a idade avança a cada segundo; do brinco maravilhoso de brilhantes que viu na vitrine e pretendia comprar, mas quando experimentou na loja em frente do espelho não conseguiu apreciar porque se espantou quando viu o próprio pescoço, e então desistiu.

Das tantas ansiedades da idade.

As mais velhas: do melhor plano de PGBL que deveria ter feito mais nova; da aposentadoria que não dá pra nada; dos remedinhos que está tomando; do excelente médico que receitou umas vitaminas e do curso que fez para ver se melhora a memória; do fim de semana que terão com os netos em casa; do marido que não tem tido mais entusiasmo e que ela nem se importaria se ele tomasse um "remedinho" mágico; da pressão alta dele e/ou dela; do amigo sem vergonha do marido que se separou e arranjou uma garotinha novinha vagabunda, mais sem vergonha ainda; de algum amigo que já se foi de infarto, tão garoto; da hidroginástica, caminhada, alongamento ou pilares que começou a fazer por recomendação médica e dos filhos que a estão fazendo se sentir com 40 anos; da festa de Natal que começa a ser organizada no mês de setembro para dar tudo certo; da viagem num cruzeiro de navio pela costa brasileira; do curso de decapê que tem na esquina de casa e dá para ir a pé.

De novo do marido que raramente a "procura". Da saudade que sente das espinhas, de quando o pai a buscava nas festas.

Das ansiedades da idade.

Tudo isso, verdadeiramente, acreditem, é assunto de banheiro e as mulheres sendo perspicazes, maliciosas e sensíveis, sem exceção, mesmo umas mais e outras menos, que me desculpem os analistas, só precisavam que todas as "amigas" fossem menos críticas, mais condescendentes e tivessem real disposição para se ajudarem umas às outras, e, por essência, principalmente dessem um "basta" às exigências que se impõe mutuamente, que o grande "confessionário", o banheiro, faria a terapia propriamente dita e as sessões de análise, cada vez mais raras, e a elevada autoestima cada vez mais frequente.

Analista seria só mais uma daquelas despesas básicas de uma mulher, na lista de atividades diárias para dar *status*.

Mas se você que está lendo é psicólogo(a) ou psiquiatra, não se apavore: essa chance não existe ao menos que houvesse um novo cataclismo que transformasse as mulheres em fiéis escudeiras umas das outras.

E vocês, homens maravilhosos que estão lendo este livro, sendo mais bondosos e um pouquinho menos exigentes, já estarão dando sua belíssima e inestimável colaboração.

> Envelheço quando o novo me assusta e minha mente insiste em não aceitar.
>
> GIBRAN KAHLIL GIBRAN

> Senhor, fazei-me casto – mas não agora.
>
> SANTO AGOSTINHO

Capítulo 11

Depende!

Banheiro em um restaurante de comida simpática e ambiente atraente, em uma noite estrelada e de lua aprazivelmente cheia. Rio de Janeiro – 22 horas.

Três mulheres: todas de classe média alta.

Duas casadas e uma que declaradamente havia conhecido o acompanhante naquele mesmo dia, apresentado pelo marido de uma delas.

Valentina: alta, loura, bonita, magra, casada, trajando calça jeans com blusa de muito brilho, quase no limite do "donaire", sandálias de salto muito alto. Trinta e poucos anos.

Fabrícia: peso um pouquinho acima do padrão, calça preta para facilitar a estética, sapato elegante, bolsa de marca, brinco provavelmente de brilhantes, discreto, morena de cabelos muito bem tratados. Trinta e muitos anos, quiçá 40 e alguns.

Luiza: solteira e com sinal recém-aceso de uma luz de esperança no fim do túnel... colocando indevidamente todas as suas expectativas em cima daquela noite, o que, sem necessidade, comprometia seu comportamento, dentro do corpo bonito e do rosto de beleza clássica, de um branco quase virgem e olhos cinzas bem maquiados, alta e dona de uma ansiedade pelo passar dos 40 anos.

Luiza, a solteira, foi sem carro, de carona com Valentina, propositadamente para abrir a chance de voltar com o pretenso pretendente; isso dito por ela.

Luiza: Amigas, como é que vocês acham que foi o papo? Parece que ele gostou de mim. O que vocês acham? Fala... fala... fala gente.

Fabrícia: O Júlio achou que ele tinha tudo a ver com você e realmente parece que vocês se entrosaram, porque não pararam de conversar um minuto. Tomara que dê certo. Você merece um cara legal e o Júlio disse que ele, além de "boa pinta", é rico... parece educadíssimo, não é?

Valentina: Ih! Deve ser brocha! *(muitos risos.)* É muito bom para ser verdade.

Luiza: Para de secar meu futuro namorado *(cruzou os dedos e bateu umas nove vezes na madeira)*. Além disso, hoje já tem aquele remedinho que cura qualquer um. Mas fala, gente! O que é que vocês acham que devo fazer? Ele já me ofereceu carona.

Valentina: Aceita a carona, lógico, e, se tiver vontade, "dá" para ele, daí já tira a prova dos nove, para não perder tempo, porque, sendo bonito, rico e educado, deve ter um defeito grave. Além do mais, você disse que está no atraso de uns quatro meses; então aproveita e bota o sexo em dia. *(risos novamente.)*

Fabrícia: Ai que coisa vulgar. Nada disso. Está maluca? Nunca! Morda a gola da blusa, roa as unhas, arranque os cabelos, faça respiração de ioga, mas não faça isso nunca. Mesmo que coma uma caixa de chocolates quando chegar em casa. Amanhã você corre 8 km na Lagoa e daí, além de gastar as calorias da comida e do vinho da noite, passa a vontade. Se ele é legal como parece, se você for para a cama hoje, vai queimar seu filme. E é lógico que você é bem grandinha para saber o que faz, mas o Júlio ficaria decepcionadíssimo com você. Ele te acha uma "lady".

Valentina: Essa é boa! E lady não transa? Encurtando a conversa, você vai ou não vai "dar" para ele? Ele tem cara de ser bom de "chinfra", uma cara meio safada. Vai ou não vai?

Luiza: Depende!

Valentina: Depende? Agora danou!

∼∼∼

Tradução da linguagem feminina – Importantíssimo e indispensável

Parodiando uma mensagem recebida em janeiro de 2006, pela internet, de autor desconhecido, fiz ajustes adequando o Glossário, para que seja decorado pelos homens interessados em desvendar as poucas coisas passíveis de compreensão, quando se trata desse ser simples mas confuso – a mulher – todas camaleoas.

Por detrás de cada palavra há uma infinidade de mensagens cifradas que podem vir a ser compreendidas, embora jamais em sua totalidade.

Mas não custa nada tentar entender, pois pode servir para alguma coisa.

Atenção às definições:

Depende. Quase com certeza absoluta é a vontade sem muita convicção de se dar uma resposta afirmativa, ou apenas uma pequena sinalização de que a resposta pode vir a ser desfavorável; tudo **depende** de sua habilidade. Por exemplo, no caso anterior, onde você acabou de conhecê-la ou está saindo pela primeira vez com ela e depois do jantar a convida para subir no seu apartamento e ela diz "depende" é porque na verdade não depende de mais nada.

Basta falar que você promete que apenas tomará um vinhozinho e assistir a umas gravações de shows e completar contando aquela mentira horrorosa e deslavada: "Vamos continuar nossa conversa, porque só vai acontecer alguma coisa se você quiser. Jamais vou te obrigar a nada – já não deu pra ver como eu sou? Não confia em mim?", ou melhor "pode confiar em mim". Para ficar mais convincente ainda, diga que você não tem costume de levar ninguém em sua casa, porque a considera seu templo, mas que, com ela, não sabe por que, está sentindo que pode ser diferente.

Ou ainda: "Nós temos tudo a ver um com o outro. O que é que pode dar errado?"

Coitadinha! Mulher é maliciosa, mas tão crédula e carente de carinho.

Coitada! Que pena...

Sem dúvida, você não terá sequer terminado de falar e já estará abrindo a porta da sala de sua casa.

Não pense que não vou aconselhar para que todas as mulheres leiam este livro, porque não fazê-lo, afinal, seria traição demais. Mas, de qualquer forma, como meu primeiro livro foi *Como pegar seu homem pelo pé – e permanecer com ele*, no qual tento desvendar todos os mistérios masculinos para as mulheres, este livro me soa parecido com uma revanche para os homens. Então, tudo o que falei continua valendo, porque, caso ela não tenha lido este livro, poderá estar desprevenida.

Mas que vou aconselhá-las, claro que vou!

Desta forma, pelo sim ou pelo não, mesmo que advertidas, se você seguir esse roteiro, o apagado e insignificante "depende" se transformará em um "sim" em fração de segundos.

Já já. Pode parecer "duas vezes mais rápido que já". Ledo engano.

Em raríssimas ocasiões pode significar "já", mas na maioria das vezes quer dizer que você terá um bom tempo de espera.

Quero dizer que você já está pronto há meia hora para saírem para um casamento em que vocês são os padrinhos, o que significa que não podem se atrasar e pergunta a ela: "Meu amor, vamos? Está pronta?" Quando tranquilamente ela responde: "Já já".

Sente-se, pegue o jornal, ligue o som, tome uma cerveja geladíssima ou uma dose de uísque, tire o sapato, afrouxe a gravata, estenda as pernas em cima do pufe, porque se você se estressar e a fizer chorar, ela vai borrar a maquiagem e terá de refazê-la; sendo assim, faça uma respiração de ioga e espere.

Com sorte, ela está acabando de secar os cabelos, faltando apenas vestir-se, colocar os sapatos, passar batom e perfume. Mas se console: já está de banho tomado.

No entanto, você não quer que ela esteja linda para te acompanhar? Então aguenta.

Logo. "É tão indeterminado, que pode nem acontecer." Logo, pode ser hoje, amanhã, depois de amanhã, ano que vem ou nunca.

Ela aparenta ter mais de 45 anos e você gentilmente, achando que está agradando, pergunta: quando é que ela faz 40 anos? Aliás, essa é uma pergunta que nunca deveria fazer, por correr risco de vida. Mas dá que você pergunte achando que está sendo engraçado e ela nem tão gentilmente responda: "logo".

Não reclame, ela foi até boazinha. Poderia ter dito: "não interessa" ou "vai procurar sua turma".

Mês que vem. Apenas para você saber: "todos os meses até o infinito são meses "que vem". Portanto, se ela está fazendo o maior jogo duro e vocês já saíram meia dúzia de vezes e nada do sexo acontecer, quando ela diz calmamente que ainda está meio insegura e precisa conhecê-lo melhor, até pelo menos mais um mês, tipo "mês que vem", que inclusive já está quase chegando, é bem aquela resposta dos cariocas quando respondem à pergunta "quando é que você aparece?" e eles dizem: "mês que vem". Portanto, pode ir tirando o cavalinho da chuva que você ainda vai ter de comer muito feijão para conseguir seu feito, ou se quer encurtar o caminho comece a falar em casamento, pois caso ela for descuidada, sem astúcia, coisa rara em uma mulher, pode ser que mude a exclamação para "no máximo!".

Ah! Você também por vingança, se o negócio render mesmo, pode plageá-la e quando for convidado para conhecer sua futura sogra, também dizer "mês que vem".

No máximo. Obviamente "quer dizer no mínimo"; significa que ao combinarem para viajar, mesmo você avisando que além de estar levando todo seu material de mergulho, irá mais um casal no seu carro (do qual ela não conhece a mulher), e que ela deverá levar pouca bagagem para não encher o porta-malas, porque, afinal, é apenas um fim de semana de dois dias e ela falar "no máximo" vou levar uma malinha... esse "no máximo" será no mínimo "duas malinhas" de roupas, uma outra apenas de sapatos, porque não se sabe se vai fazer sol, chuva, calor ou frio, uma *necessaire* com cremes e maquilagem, dois chapéus e uma bolsa para usar na praia, tudo muito básico e prático. Mas não fique envergonhado, diga ao seu amigo de viagem que não está se sentindo muito bem, peça para ele ir dirigindo seu carro e leve a bagagem dela no seu colo, para que ninguém se sinta incomodado. Não se esqueça: ela precisa estar muito bonita, com várias opções de roupas e, como irá com outra mulher no passeio, tem que haver perfeita combinação entre roupas, chapéus e sapatos – ela não pode fazer feio.

Lembra do capítulo em que falo sobre a disputa entre as mulheres, mesmo amigas? Agora imagine ela não conhecendo a mulher do casal! Não sabe se é despojada ou sofisticada, gorda ou magra, bonita ou feia... é assunto muito sério, daqueles que tiram o sono de uma semana inteira. Aliás, se não quer ter grandes gastos extras, somente avise que um casal irá com vocês após às 22 horas (quando os shoppings já estarão fechados), senão ela terá extrema necessidade de comprar uns dois óculos novos, assim como mais um chapéu, um maiô e dois biquinis, porque nunca se sabe como a esposa do seu amigo estará vestida.

Você tem obrigação de entender. A falta de indumentária adequada numa viagem pode vir a ser motivo de duas sessões de análise semanais de dois anos seguidos. Entenda!

Pode deixar. É o que se pode dizer. Se existe alguma chance de acontecer, provavelmente será um dia ou nunca. Assim, você vive muito incomodado com aquele monte de calcinhas penduradas na torneira do chuveiro, que não permite sequer ligar a água e, delicadamente, fala: "meu amor, prometo que não jogo mais a toalha molhada na cama, nem as meias na sala, nem respingo de espuma no espelho depois de fazer a barba, mas por favor, me prometa que não vai mais deixar suas vinte calcinhas no box" e ela também gentilmente te dando um beijo "selinho" na boca responde: "pode deixar ".

Tradução: ou ela não acredita de jeito nenhum na sua promessa e está debochando de você, ou mesmo acreditando está debochando. Por que sabe quando é que "pode deixar" vai acontecer? Nunca!

Por volta. Tão indefinido quanto "no máximo", quer dizer que você combinou de buscá-la em casa para levá-la a um jantar onde o horário e o compromisso são absolutamente formais, os lugares são marcados, na casa do diretor do seu diretor e ela diz: "me busca por volta de 20h30". Não se iluda! "Por volta" quer também sinceramente dizer "no mínimo".

Um conselho é: se ela é esse tipo "por volta", quando combinar, se o horário foi 21 horas, fale que começará às 20h30 e então passe "por volta de 20 horas".

O único problema é que, já na terceira vez, ela terá descoberto sua estratégia, mas terá valido a pena ter conseguido chegar na hora ao menos essas vezes na vida.

Depois, a gente tenta outras táticas.

Um minutinho. Em tese seria "um tempo de 60 segundos" mas, na prática, depende de tantos fatores que nem a ampulheta mais precisa é capaz de calcular com exatidão. Vocês estão num restaurante há mais de uma hora, regado a entradinhas e bebidas, com outros dois casais e resolvem pedir o cardápio para escolher a comida, porque já estão todos famintos, devido ao adiantado da hora, quando ela diz que vai "um minutinho" ao toalete com as duas amigas.

Olha, meu amigo, quer um conselho? Pede outra garrafa de vinho e mais uma entrada daquelas gratinadas ao forno.

Se duas mulheres no banheiro já têm assunto para horas, já imaginou três?

"Um minutinho", nesse e em vários outros casos, leia-se um minuto, mais um minuto, mais um minuto, mais tantos minutos quanto forem necessários.

Não reclame. É essencial a conversa do banheiro, local onde elas poderão falar de vocês sem censura. O banheiro é um confessionário. Se lembra?

A súmula: Existe uma distância respeitável entre o que a mulher diz e o que ela pretende dizer.

Preste muita atenção: o que ela tanto oculta pode estar declaradamente denunciado no seu olhar e refletido em cada gesto seu.

> A natureza lhe deu o rosto que você será aos
> vinte anos. Cabe a você merecer
> o que terá aos cinquenta.
>
> Coco Chanel

Capítulo 12

Respeito aos cabelos

Banheiro de uma casa de pagode, subúrbio do Rio de Janeiro – sexta- feira.

Maurineia: piercing no umbigo, quase escondido pelo excesso de barriguinha saliente, decote farto, cabelos com **"aplique"** (ver Glossário), algum resquício de salão de cabeleireiro, batom alaranjado, cigarro aceso, brincos de pedrinhas falsas coloridas, perfume de alfazema forte, maquiagem exagerada.

Juciscleide: pele e corpo bonitos de mulata, cabelo alisado bem arrumado, decote farto, calça **"strech"** (ver Glossário), muitos colares, saia jeans escassa, unhas vermelhas com coraçõezinhos brancos desenhados, sorriso aberto, sandálias **"plataforma"** (ver Glossário).

Maurineia: Não estou acreditando que a gente pegou esse chuvisco. Olha o meu cabelo. Gastei uma grana, fiquei três horas no salão, desfrisei, hidratei, fiz uma escova maravilhosa, cheguei aqui com o cabelo liso de japonesa e vou sair sarará (risos nervosos). É a segunda vez que saio com ele; acho que hoje ia "rolar" e olha só minha cara no espelho. Uma bruxa.

Juciscleide: Não fica desesperada não, Maurineia, eu tenho uns **"pregadores"** (ver Glossário) de cabelo e escova, para você fazer uma "touca" rápida, de uns 15 minutos, que logo seu cabelo abaixa. Além do quê, se ia mesmo "rolar", lá na hora do bem bom vocês iam acabar suando e o cabelo ia amassar, ia ficar em pé mesmo.

Maurineia: Mas daí já teria "rolado" e eu prenderia o cabelo, tipo "casual".

Juciscleide: Vai "mulé", faz a touca!

~~~

Resumo: se ela ficar 40 minutos no banheiro do restaurante, não faça perguntas: pode ter sido um caso de vida ou morte, como, por exemplo, o cabelo.

Não se trata de futilidade. É um caso muito sério mesmo, quer ela seja "modelo" ou "cientista", o que, portanto, merece sinceramente sua compreensão.

Tenho uma amiga, Patrícia, que estava hospedada com o jovem namorado em um hotel cinco estrelas, numa cidade linda e romântica, onde passariam esperados quatro dias de um feriado de sol. Na manhã seguinte a uma noite espetacular, regada ao champanhe, ela se levantou sorrateiramente, pé ante pé, num silêncio sepulcral, para se aprontar antes que ele acordasse, assim como se tivesse acordado daquele jeito: "lisa" e perfumada.

Tomou um banho silencioso, se enxugou com a toalha felpuda do hotel cinco estrelas, jogou a cabeça para a frente, para dar uma sacudida no cabelo antes de secá-lo com o secador e depois passar a **"chapinha"** (ver Glossário) para alisar mais ainda, o que era costume. Ao fazer esse movimento, ela deu uma cabeçada na quina da bancada enorme de mármore, e em seguida sentiu jorrar alguma coisa quente.

Era sangue!

A toalha de rosto que colocou na cabeça ficou completamente ensanguentada.

Entrou novamente no chuveiro. Quanto mais molhava a cabeça, mais escorria sangue. Nada estancava.

Como viu que o corte era mais grave do que não estar com o cabelo escovado, assustada, entrou no quarto para acordar o namorado, que deu um pulo da cama, siderado com aquela cena dantesca.

Se estivesse no Rio de Janeiro, poderia ser uma "bala perdida". Mas ali, no sossego daquele paraíso?

– O que foi que aconteceu?
– Bati com a cabeça no mármore e estou com dor e meio tonta.
– Vamos correndo perguntar na recepção onde é o hospital mais próximo.

Ele colocou uma calça por cima do pijama e saíram esbaforidos.

Ao entrarem no hospital, a enfermeira, vendo a quantidade de sangue, a encaminhou à emergência, enquanto ele fazia a ficha.

Já deitada na maca, olhando para o médico, deu um salto quando ele pediu à enfermeira que raspasse um pouco do cabelo, ao redor do corte, que era profundo.

— Doutor, o senhor pode dar cinquenta pontos, mas raspar o cabelo nem pensar!

— Minha filha, você disse estar tonta, com dor de cabeça e com um corte que merece alguns pontinhos e está preocupada com isso?

— Estou tanto com dor quanto com tontura, mas voltando ao cabelo... o senhor não vai raspar, não é?

— Como é que posso costurar sem raspar?

— Pelo amor de Deus, dê um jeito!

O médico fez um malabarismo, chamou duas enfermeiras; contou o drama, assim com um sorriso transigente de quem estivesse lidando com uma pessoa com "problemas", pediu que cada uma segurasse um chumaço de cada lado do corte e, meticulosamente, apenas raspou estritamente ao redor do corte e jogou soro fisiológico, uma abundante mistura de iodo e, depois, deu seis belos pontos.

Imaginem um cabelo sem escova, sem chapinha, com a mistura de sangue, soro e iodo! Depois de seco, se torna uma crista de galo.

— Doutor, posso lavar o cabelo e usar secador depois que sair daqui?

— Pode, daqui a três dias, sem colocar calor no lugar do corte e, como raspamos pouco, de três em três horas você joga esta mistura de iodo aqui.

A viagem e o namoro terminaram ali, porque ela pegou o primeiro avião de volta, sem grandes explicações, se é que ainda precisasse.

Então, não se esqueça disso: não cobre pressa nem questione uma mulher quando se tratar do cabelo dela, se bem que você pode estar a salvo se ela já estiver fazendo "escova progressiva", que é o "viagra" da mulher – ambos, as maiores descobertas de nossa era!

Você apenas terá de aguentar aquele cheirinho básico de formol, mas só por três dias, o que, a essas alturas, não tem a menor importância diante dos tantos benefícios posteriores de que usufruirá. Dá até para fazer sauna, sem estresse e sem planejar cinco dias antes.

Imagine que maravilha! Que desprendimento!

Caso ela ainda não a tenha feito, pode ser alérgica, por exemplo.

Sendo assim, sugira e pague um alergista, um homeopata, e depois o salão, não importa o preço, mesmo que ela escolha o mais caro da cidade. Sua paz, afinal, não tem preço.

E, sorte sua ela se demorar apenas por causa do cabelo, porque pode ser daquelas que experimentam 25 roupas antes de sair e depois acabam optando pela primeira que vestiram, após passar 40 minutos. Se for assim, tome um calmantezinho, um suco de maracujá ou uma dose de uísque; leia sua revista semanal ou um livro; fume um charuto, veja meia partida de futebol ou fique brincando com o controle remoto. Faça qualquer coisa, mas não a deixe estressada.

Outra dica é informar o horário errado dos compromissos: se for 21 horas diga que é às 20h30, pois ambos ficarão muito mais felizes.

Afinal, ela está se aprontando para a crítica de outras mulheres e um "pouquinho" para você.

Para uma mulher se tornar mais bonita,
basta andar sempre acompanhada
de uma mulher feia.
Já a mulher feia, deve andar acompanhada
de uma mulher ainda mais feia.

LEON ELIACHAR

Nunca é cedo para uma gentileza, porque
nunca se sabe quando poderá ser tarde
demais.

RALPH WALDO EMERSON

Capítulo 13

Duro ou pão duro?

Banheiro de um restaurante japonês chique, em São Paulo, com preços acessíveis a poucos mortais, sábado à noite.

Maria Eduarda: bonita, alta, 30 e poucos anos, relógio provavelmente de marca, roupa de grife, bolsa de classe, sobrenome, provavelmente de estirpe. Cabelos louros bem tintos, batom cor de boca, discreto, nariz com plástica bem feita.

Carla: bonitos cabelos encaracolados sem escova, corpo malhado de academia, altura mediana de brasileira, casaco de couro cor-de-rosa, sem que a temperatura justificasse, sapatos de saltos altíssimos, idade além dos 40.

Maria Eduarda: Vou te dizer, Carla, não pago um centavo desta conta.

Carla: Mas eles são muito novinhos, não devem ter grana. Vamos dividir a conta.

Maria Eduarda: Não existe a menor possibilidade. Eu sugeri para irmos num barzinho. Eles é que inventaram de vir aqui; então que paguem.

Carla: E o que a gente vai fazer quando chegar a conta?

Maria Eduarda: Se precisar eu até tenho uma síncope, ou simplesmente falo: enquanto vocês pagam, nós vamos retocar a maquiagem no toalete.

Carla: Então você fala, porque vou morrer de vergonha.

Maria Eduarda: Coitadinhos, vão gastar a mesada inteira nesse jantar (risos). Só me faltava essa: pagar ou dividir conta com homem duro. Só se for meu filho ou se estiver desesperadamente carente ou apaixonada, o que não é o caso (risos).

Carla: Então você desmaia, porque eu não tenho coragem de falar nada.

Maria Eduarda: Deixa comigo! Sou boa nisso (risos)!

Encurtando a conversa: Maria Eduarda fingiu estar passando mal de labirintite, quando viu que o garçom se aproximava da mesa; antes que ele entregasse a conta, pediu para a amiga Carla que a acompanhasse até o banheiro e, na verdade, os dois pimpolhos, metidos a gente grande, quase desmaiaram ao ver o valor da conta.

Meus amigos, se não podem, não inventem moda. Se estão com pouco dinheiro, levem sua acompanhante a um lugar simples e simpático.

Uma pizzaria, daquelas básicas, um botequim que sirva um bolinho de aipim com camarão e chope geladíssimo, um cineminha, de segunda a quarta-feira com desconto, um passeio romântico no parque, na praia, na lagoa, para tomar um coco gelado; se estiver duro, duro mesmo, ofereça umas três esfihas num desses restaurantes árabes bem baratinhos, tipo R$ 0,50 cada, e se nem isso você puder pagar, só lhe resta ficar em casa quietinho, vendo o jogo do seu time na televisão, comendo pão com mortadela, junto com seu cachorro, que é o melhor que você tem a fazer, para não ficar deprimido até que sua situação melhore. Convide sua escolhida para esse programa aconchegante e domiciliar junto com você.

Será uma grande prova de amor e vocês podem até fazer uma pré-combinação de revezarem de casa a cada vez, racharem a conta ou irem procurando programas "boca livre" na casa dos amigos. Será uma questão de acertos.

Se tem médio poder aquisitivo, leve-a a um lugar médio e assim por diante, mas não queira "cumprimentar com chapéu dos outros". Se não puder, não vá. Não cometa essa perversidade, esse desatino.

Você pode passar por uma situação constrangedora, quando ela bater o pé e não quiser ou não tiver dinheiro para pagar ou dividir a conta e você tiver que dar o relógio em caução ou lavar a louça.

Tudo é possível, se for de comum acordo. Mas o que não pode é pegá-la desavisada.

Se você tem dinheiro, mas é pão-duro, aí é muito mais grave, porque homem sem grana às vezes até dá para aturar, mas homem pão-duro é demais. Se esse é seu caso, acho que você só vai "se criar" se encontrar uma mulher carente, desesperada, completamente desprendida dos bens materiais ou uma milionária que não liga para dinheiro.

Tenho uma amiga que se incomodaria de ter seu nome citado, que havia começado o namoro com um milionário, daqueles com direito a tudo, lancha, helicóptero, casa em Angra dos Reis, apartamento de cobertura de frente para o mar, na zona sul do Rio de Janeiro.

Não que isso fosse o maior atrativo, mas de um rapaz com essa posição social espera-se ao menos alguma mordomia. Até porque ela merecia.

Como era uma época muito próxima do Natal, minha amiga, sabedora que seu novo namorado tinha tudo que o dinheiro pode comprar, resolveu dar uma caneta de marca de peso, de preço para poucos mortais, pagos em três prestações, imaginando que seu "singelo" presente pudesse fazer bonito, perto do presente que provavelmente ele lhe daria no dia seguinte ao Natal, já que ambos passariam o dia 24 com suas respectivas famílias.

No dia 25, ele, depois de um mês e pouco de namoro, a levou para passar o fim de semana em sua belíssima casa de praia em Angra dos Reis. Ela de cara ficou surpreendida ao ver o porta-malas abarrotado de mantimentos.

Discreta, esperou que fosse uma surpresa.

Ele, vendo sua carinha cheia de interrogação, disse que as compras eram para não precisarem ir a restaurantes, porque tudo em Angra nesta época do ano era mais caro que o habitual.

Ela pensou em simular um desmaio, mas apesar dos maus presságios, se arriscou a perguntar se tinha empregada na casa, e ele, sem pestanejar, disse que, durante o dia, sim. Ela insistiu: você sabe cozinhar? Ele respondeu: não!

Daí, já sem forças, se imaginou de avental, descascando cebolas, chorando, fazendo o jantar e lavando panelas, mas sorriu e ficou ali firme, torcendo para que fosse apenas uma brincadeira. Ao chegarem, o dia foi bastante agradável, e passearam de lancha, bem servidos de petiscos e bebida gelada, cuidadosamente levadas por ele num isopor.

Almoçaram em casa e, graças ao bom Deus, a empregada ainda estava presente. À noite, quando foram botar a mesa juntos, ela o presenteou com a especial caneta de algumas centenas de dólares e recebeu um embrulhinho que nem de longe parecia uma caixa de joia, um vestido ou um perfume francês.

Lá estava ela com um pacote retangular, com jeito de ser um livro. Ainda teve esperança de que pudesse ter um vale-brinde ali dentro ou um anel de brilhante escondido no embrulho, ou ainda que era um teste, uma brincadeira e que o verdadeiro presente fosse outro. Mas nada disso: era um livro do Harry Potter.

Ela: "Nossa... gente... um livro. Adoro ler. Este é um *best seller*. Nossa!"

Rapazes, quando uma mulher, ao receber um presente seu, disser "nossa!" e repetir o nome do presente tipo "nossa... um livro!", você fracassou, não foi feliz na escolha e ela, mesmo desapontada, está sendo muito educada.

Ah! O jantar da minha amiga? A empregada deixou semipronto e ela só precisou fritar uns peixinhos e camarão ao tempero de alho e óleo e, como teve dor de cabeça, enjoo e tontura o resto do fim de semana, as comemorações foram escassas. Cama? Só para dormir!

Melhor assim, porque o namoro acabaria de qualquer jeito.

Você nem precisa ser daqueles lordes que abrem a porta do carro, "mesmo que a mulher ou o carro sejam novos", ou puxar a cadeira todas as vezes que ela for se sentar à mesa; não que toda mulher não mereça arroubos de gentilezas, mas se você for elegante, coisa hoje menos comum quanto se deveria, elas já se comoverão.

Mulher sempre se rende a gentilezas e carinho.

Dureza, simplicidade, coerência são coisas possíveis de se

aguentar, mas pão-durismo, grosseria e inconveniência? Não! Nunca! Pelo menos não deveria. Jamais!

Sem soberba ou presunção (um defeitinho de fabricação), me desculpem, a maioria das mulheres pensa assim.

> Dar menos que o seu melhor é sacrificar o dom que recebeu.
>
> STEVE PREFONTAINE

Capítulo 14

ETIQUETA NÃO DÓI

Banheiro de um restaurante quatro estrelas, Rio de Janeiro, 2007.

Duas moças, ambas próximas dos 40 anos, não sei se um pouquinho para mais ou para menos.

A apaziguadora, vestida com discrição, numa calça jeans, blusa de seda, sandália estilosa, "joias preciosas": *Guilhermina.*

Betina *(apesar de raivosa, falava em tom de voz baixo, retocando o batom)*: Gui, você sabe que não tenho frescuras, vou a qualquer lugar – botequim, pizzaria, quiosque – e curto desde um pastelzinho de queijo até uma trufa negra do Perigord, na França, mas grossura não dá. Ô tipinho mal educado. Seu marido me avisou que ele era meio bronco e percebi de cara pela roupa, pelo jeito, falando e rindo alto, se serviu três vezes antes de todo mundo, falou de boca cheia quase cuspindo na gente.

Além de tudo, só contando vantagens... argh... que nojo! Sem chance. Deus me livre!

Guilhermina: Mas ele é superanimado, bonitinho e riiiico que dói, não sei bem se nessa ordem, e com dinheiro você dá um banho de loja, leva ele para uma aulinha de etiqueta (risos).

Betina: Sei, mas odeio homem sem classe e com essa idade acho que não tem jeito não. Ele deve ter o quê? Uns 50 anos? Acho que a essa altura não dá mais para consertar não. Mas vamos lá, para o segundo "round". Uma última tentativa.

∽∽∽

Sem risco de parecer lugar comum ou me atribuírem um pleonasmo, usei desse mesmo recurso no meu primeiro livro *Como pegar seu homem pelo pé – e permanecer com ele* para descrever costumes de boa postura e elegância, de forma bem sucinta, me valendo da sabedoria de algumas conhecedoras profundas no assunto. Aliás, recomendo que tenham seus livros como de cabeceira, pois tive o prazer de receber agradecimentos e elogios dos meus leitores por terem sido válidos para relembrar hábitos que atualmente passam despercebidos pela falta de uso.

Ganhe um pouquinho de tempo passando no mínimo os olhos por esse capítulo, porque certamente ele vai beneficiá-lo e fará que você se destaque com ela, social ou profissionalmente.

Não quero dizer que este livro pretenda torná-los homens eruditos ou puristas na amplidão da palavra, até porque vocês, homens, espécimes maravilhosos, já possuem um conhecimento nato de cultivar curiosos valores, históricos costumes, reações idiossincráticas e serem semelhantes entre si.

Mas alguns lembretes sobre etiqueta, por mais supérfluos que pareçam, darão sempre um "up grade" e o tornarão um homem seguramente melhor e diferente dos outros que desconhecem esses rituais.

Lendo as doutoras que falam com maestria do assunto, Danuza Leão (*Na sala com Danuza 2* – o nº 1 já havia lido anteriormente); Glória Kalil (*Chiquérrimo*); Cláudia Matarazzo (*Etiqueta sem Frescura*), tirei o que de mais simples e importante elas ensinam para não tornar o assunto desinteressante, embora recomende que todo mortal prudente leia, nem que de forma diagonal, todos esses livros de utilidade pública, pois são importantes na vida de todos os que pretendem estar em dia com os hábitos e costumes que nos possam fazer elegantes.

Gloria Kalil conta no livro que, desde 1530, há *best-sellers* de manuais de etiqueta. Por quê? Porque desde os tempos mais remotos já existia uma preocupação com o comportamento que fizesse as pessoas melhor aceitas na sociedade e, gostemos ou não, vivemos em grupo.

Ela também diz que se você conhece as "regras", pode até transgredi-las, por opção, mas sempre será melhor do que cometer uma gafe por desconhecimento.

Algumas regras

Não estão relacionados aqui as recomendações por ordem de importância, porque cada uma tem seu lugar circunstancial:

- Postura – coluna ereta e queixo erguido sem arrogância.
- Olhos sempre olhando direto dentro dos olhos da outra pessoa.
- Nunca entrar em algum lugar fechado de óculos escuros a não ser que esteja com conjuntivite ou fazendo papel de detetive.

- Quanto à distância da outra pessoa, você não deve ficar nem perto nem muito longe – perto pode parecer invasão e longe sinaliza barreira ou desinteresse. Dizem que a distância ideal é de aproximadamente 50 cm, podendo ser muito mais próxima ou muito mais distante, por motivos óbvios.

- Bom humor faz que você pareça mais jovem, faz emanar energia contagiante, embriaga as pessoas.

- No elevador sempre deve sair primeiro quem está dentro, independentemente de sexo ou idade, para não tumultuar a porta, valendo sempre primeiro o mais velho (bem mais velho), segundo as mulheres, depois os homens. E não custa nada segurar a porta para quem quer que seja, se for o caso, e cuidado com a conversa dentro do elevador: o mundo é muito menor do que se pensa. Eu diria que o mundo é uma província.

Como diz a sábia Cláudia Matarazzo "falar baixo deveria ser lei" – ninguém precisa partilhar de suas confissões, comentários, declarações, discussões.

- Apresentação: ainda vale apresentar sempre o menos importante ao mais importante.

- Apertar a mão moooole... Deus me livre! Dá vontade de sacudir a pessoa ou ir embora.

- Antes só se beijava a mão de mulheres casadas, bem mais velhas ou a da sogra, sempre, por prudência; hoje é demonstração de gentileza beijá-las ao seu critério, devendo-se apenas ter cuidado com os maridos e namorados ciumentos.

- Sempre as piadas devem ser poucas: é mais sensato pecar por menos.
- Se você entrega um envelope para alguém levar, faça-o sempre aberto e a pessoa que recebe, se for educada como você, o fechará na sua frente para mostrar discrição. Prazo ideal para convidar é três dias para reuniões muito informais, uma semana para jantares íntimos, quinze dias para recepções maiores, trinta dias para casamento ou grandes eventos.
- Se você for convidado e não puder ir, avise com antecedência para a(o) anfitrião poder organizar-se. Caso vá comparecer, confirme. Se for, depois do evento, telefone agradecendo, mande e-mail, flores, elogie, pois assim será sempre bem-vindo.
- Sentou-se à mesa e encontrou uma porção de talheres e de copos? Não se assuste. Use de fora para dentro e observe os outros convidados.
- Alguém ao telefone ao seu lado: disfarce, se afaste, comece a ler alguma coisa para mostrar que não está prestando atenção à conversa.
- Se é você quem está acompanhado e toca o telefone, seja breve, a não ser que seja caso de vida ou morte.
- Minha mãe sempre disse: "Não pegue nada emprestado, mas se o fizer, devolva melhor do que pegou".
- Num primeiro encontro, não descarregue seus problemas ou inunde com intimidades: você assustará.
- Quando convidar uma mulher para sair, saiba aonde vai levá-la – nada mais cansativo e desinteressante do que ficar rodando horas à procura de um lugar, até porque,

salvo raríssimas exceções, as mulheres adoram homens decididos e seguros.

- Roupa? É importante sim. Isso não quer dizer grandes gastos ou etiquetas famosas, mas bom senso. E é verdade que mulheres prestam atenção no relógio, no sapato.
- Tênis, só se for para fazer exercício, jogar tênis, ir ao clube, correr na praia, fazer churrasco, ir a shows em lugares abertos, viajar, ou quando vai andar muito. Porém, se você é do tipo que morre se não usar um, existem hoje os "sapatênis", que caem bem com quase todas as ocasiões não formais.
- Pochete? Só se for para disfarçar do ladrão a aliança de 100 brilhantes que você estiver levando para dar a ela.

Quer dar um susto, ou pretende terminar com ela, mas está sem coragem? Apareça de cabelos bem sujos, unhas grandes ou pintadas, assim com bastante brilho, calça e camisa agarradas, em conjunto de preferência, jeans centropeito, camisa transparente, e chegue falando que odeia sogra.

Agora, quer que ela não o esqueça nunca mais? Seja educado, vista-se tipo casual-chique, chegue na hora, nunca seja exibicionista, convide-a para sua casa a primeira vez, naquele dia em que a faxineira foi e deixou a casa impecável, elogie, sirva um belíssimo vinho, tenha a geladeira abastecida, coloque uma música para fazer "meio de campo", dê alguns beijos deliciosos, daqueles participativos, em que os dois beijam ao mesmo tempo, não vá às últimas consequências e prometa que ligará no outro dia e ligue (é infalível). Não há no mundo um mortal do sexo feminino que resista a essa perfeição.

- Saiba sempre escutar. Mulheres adoram ser ouvidas e, para demonstrar que está prestando atenção, repita alguma frase que ela tenha dito, faça perguntas sobre o assunto, opine.
- Evite chegar sem avisar, pois o surpreendido pode ser você. Até porque ela pode odiá-lo para o resto da vida, caso você a encontre de pantufas com creme no rosto e bobes nos cabelos.
- Responda a todo e qualquer convite, quer você vá ou não. Ah, R.S.V.P é para responder por favor, mesmo. O(a) anfitrião(ã) sempre precisa se programar para o número de pessoas que receberá.
- Banheiro? Sempre de porta fechada e sozinho. Mesmo que você tenha 20 anos de casado, a não ser que seja para tomar banho junto, se ela quiser porque às vezes é um estresse porque ela pode ter levado horas no salão preparando os cabelos.

Das coisas que tiram o encanto, uma delas é entrar no banheiro juntos. Deus me livre!

- Elogie... elogie... elogie. Não há quem não seja suscetível para homens e mulheres. Todos nós.
- Nunca chegue à casa de alguém sem antes perguntar se pode, se a pessoa está disponível.
- Quem abre a porta para a visita sair é sempre o(a) dono(a) da casa.
- Se ela pedir água, não sirva em bandeja, pois é muito cerimonioso.

- Perfume? Que seja bom e pouco, o suficiente para ela sentir quando estiver perto.
- Não se vista com roupas iguais às do seu filho achando que parecerá jovem como ele. Cada um com sua idade. Você pode estar ótimo porque faz ginástica, tem muita disposição, se veste bem, sorri, não fica dizendo "no meu tempo".
- Tenho um grande amigo que, aos 50 e muitos anos, resolveu contratar um *personal stylist* de uma loja de surfistas. Tenho me contido a cada vez que o encontro, para não dizer o quanto as pessoas zombam de sua pretensão de parecer um deles.
- Telefonar? De preferência nunca antes das dez, nem depois das 22 horas, a não ser que seja urgente, tendo muita intimidade ou por motivos como aquelas paixões incontroláveis **e recíprocas.**
- Intimidade? Só se comentam em lugares e com pessoas íntimas.

A forma como você deixa o banheiro depois de usá-lo pode revelar muito de você. Tampa levantada antes, tampa abaixada depois.

- Unha grande, paletó com brasão, cabelo pintado, cabelo oleoso, Deus me livre!
- Não seja um *wannabe*, aquele tipinho candidato à celebridade. Se você realmente for, todo mundo saberá disso, sem necessidade de autopromoção. Nem nunca seja *over*, tanto para falar quanto para se vestir.

Serviços

- Americano — o prato vem servido da cozinha.
- Self-service — cada um se serve no bufê.
- À inglesa (em restaurantes sofisticados) — o garçom nos serve direto da travessa, pelo lado esquerdo.
- À francesa — o garçom nos apresenta a travessa e nós nos servimos diretamente dela.

À mesa

- Pode pedir explicações sobre os pratos (sempre para o *maître*): não tem nenhum problema não conhecer os codinomes do cardápio.
- Charuto e cachimbo só devem ser acesos na charutaria ou na calçada com muito vento.
- Conferir a conta, claro que pode. Deve! Pode haver um erro, por engano ou proposital.
- O correto é o homem chamar o garçom, pedir os pratos, conferir a conta e pagar, mas hoje a modernidade eliminou muito do *glamour* desses cuidados.
- Às vezes pode-se dividir um prato, se o restaurante não for daqueles franceses nos quais a comida mal dá para um... dividir a sobremesa e levar o que sobrou do vinho pode sempre; o que sobrou da comida, somente se for um restaurante mais descontraído, pois o restaurante pode não ter embalagem para viagem e seu pedido deixará o garçom embaraçado. Se você é *sommelier*, não precisa de orientação, mas se não é, desculpe-me a pretensão, vinho tinto para carne e branco para peixe já não vale mais

como regra, graças a Deus. O importante é saber escolher bem o vinho. Se você não sabe nada sobre esse assunto, não tem importância: pergunte ao *maître* ou ao especialista que estiver à disposição. Leia sobre o assunto, pois existe muita literatura didática nas livrarias.

- Os homens devem levantar-se sempre que uma pessoa mais velha chegar ou uma mulher; para as mulheres isso somente é necessário se for uma pessoa muito mais velha.

- Palitar os dentes na mesa? Jamais. Nem no escuro. É deselegante até falar no assunto. Quase um pecado capital.

- Normalmente, não se começa a comer antes do anfitrião estar à mesa, exceto quando os pratos servidos são quentes e podem esfriar. Nesse caso, peça licença e comece a comer.

- Cotovelos apoiados na mesa, apenas se tiver comichão e não aguentar.

- Pontualidade também deveria ser lei, sob risco de multa ou castigo virado para a parede. Em eventos maiores pode até ser perdoado, mas também nunca seja o último a ir embora a não ser que a(o) dona(o) da festa deixe explicitamente claro que deseja sua presença até o fim. Por falar em festa, jantares, convites: é muito simpático levar uma lembrancinha para a(o) anfitriã – se forem flores, o ideal é levar uma já plantada, para não criar dificuldades na hora de procurar e colocar em um vaso.

- Se o serviço de algum hotel ou restaurante foi ruim, você tem todo o direito e deve reclamar, mas nunca com escândalo ou humilhando as pessoas.

- Se for convidado para qualquer festejo, solenidade ou comemoração, lembre-se de que sua importância nos eventos é torná-lo mais interessante com sua presença; então, saiba que você só deve se sentar na mesa depois da dona da casa se sentar e só deve se levantar depois dela. E, em etiqueta, "menos é sempre mais": assim, por exemplo, deve-se sempre comer de menos, beber de menos, falar dos outros de menos, rir de menos, se mostrar de menos, contar vantagens de menos, fumar de menos, dar palpites de menos, olhar para as mulheres dos outros de menos e assim por diante.
- A pessoa realmente elegante sabe dosar, não fazendo pouco que pareça não estar entrosado ou gostando da festa e o torne pouco atraente, nem demais que o torne inconveniente a ponto de se arrependerem por tê-lo convidado.
- Aliás, se você realmente tem um jatinho, uma ilha em Angra dos Reis, uma cobertura na av. Vieira Souto em Ipanema, no Rio de Janeiro, uma Mercedes blindada e não é um novo rico em fase de autoafirmação, sua postura, seus gestos, sua conversa sutil vão ser muito mais declaratórios e atraentes.
- Nunca seja um *dropping name*, ou seja, aquele tipo que adora contar que conhece todas as pessoas importantes, inclusive citando-os com apelidos íntimos.
- Se é você quem está oferecendo a festa, algumas coisas são básicas: não se deve convidar pessoas que claramente não tenham a ver uns com os outros, todos devem parecer interessantes e os que não se conhecem você deverá apresentá-los. A bebida deve estar geladíssima, o som agradável, quer seja com ventiladores ou ar-condicionado central, pois ninguém aguenta ficar muito tempo tomando vinho tinto e pingando suor.

> A comida pode ser de pipoca quentinha, amendoim torradíssimo, dois tipos de patês com torradas e cerveja geladíssima ao jantar mais sofisticado com caviar e champanhe, dependendo da comemoração, de sua disponibilidade e poder aquisitivo. Importante é o convidado se sentir à vontade e perceber que você está feliz por recebê-lo e, **se não fez o melhor que existe, fez o melhor que pôde.**

> Caso tenha contratado garçons, oriente-os antes da festa e fique de olho para que todos estejam sempre com copo cheio e sendo servidos; caso contrário, sirva os primeiros drinques e mostre onde estão todas as bebidas e comidinhas para que cada um se sinta à vontade e possa se servir, senão você vai passar a festa inteira estressado.

> É importante sempre convidar com antecedência, lembrando que todas as pessoas podem ter compromisso e que, em uma semana, dez dias podem ser realocados.

> Embora hoje o e-mail seja o meio mais fácil de comunicação, nada é mais gentil do que ligar pessoalmente para convidar a todos, em uma demonstração de sua satisfação com a presença deles.

> Segundo Danuza Leão, numa escada, o homem deve subir atrás da mulher e descer na frente para dar maior segurança.

> O guardanapo deve ficar dobrado na mesa após a refeição, para mostrar que já foi usado.

> Se você tem o hábito de receber pessoas em sua casa, tenha mais que uma simples garrafa de água e meia dúzia de cervejas na geladeira. Por exemplo, para não se embaraçar quando chegar alguém, tenha alguns saquinhos de

amendoim, latinha de atum, refrigerante diet, um suco light em caixa, alguns pacotes de torradas, uma garrafa de suco de maracujá, tudo com um amplo tempo de validade. Bebidas alcoólicas, os homens normalmente têm em casa, mas não custa lembrar: um vinho tinto, uma garrafa de vodka, uma garrafa de uísque e um licor ou vinho do Porto para fazer graça.

▸ Caso você saiba cozinhar, compre uma daquelas panelas quase mágicas que tem o escorredor dentro e fazem a comida praticamente sozinhas; tenha em casa ao menos espaguete, molho de tomate e queijo ralado. Quando for comer o pão, que sempre deve ser cortado com a mão, descanse os talheres. Acabou de comer? Talheres paralelos no prato, de preferência a faca com o corte para dentro (perfeccionismo).

▸ Vai dar uma festa? Algumas dicas: faxineira dando uma geral na casa inteira; roupas de cama e toalhas limpíssimas; sabonetes e vários rolos de papel higiênico; muito gelo e bom som.

▸ Se seus convidados bebem socialmente, faça a estimativa de um litro de uísque para cada dez pessoas; uma garrafa de vinho para cada quatro pessoas; quatro latas de cerveja para cada pessoa; um champanhe para cada quatro pessoas; um litro de água e refrigerante para cada cinco pessoas.

▸ Um quilo de frios sortidos para cada dez pessoas; queijo parmesão em lascas; pistaches; pães diversos para fazerem uns lanchinhos; torradinhas coloridas dois pacotes para cada dez pessoas.

▸ Festa farta? Se quiser ter algo mais consistente, compre numa dessas confeitarias uma quiche para cada 10 pessoas; se tiver tudo que citei acima, porque basta um pratinho de sobremesa e as pessoas podem comer em pé.

> Nada de cada um levar uma coisa. Não dá certo... o melhor que você pode fazer é pedir que os homens levem uisque ou cerveja ou você compra tudo e depois divide, se for o caso de uma festa compartilhada.

Outras ideias:

Supondo que você, mesmo seguindo à risca direitinho tudo o que leu até aqui, **ainda** não colheu todos os frutos desejados, fazemos um **resumo** para ser colocado dentro da sua carteira como uma "cola"* de colégio e acrescente à sua destreza mais um recurso, o último do livro, umas simpatias, para terminarmos com humor.

Ah! A repetição de algumas sugestões é redundância proposital para fixar bem.

MULHERES ADORAM QUE OS HOMENS:

> Bebam elegantemente.
> Saibam fazer algo na cozinha, qualquer coisa, nem que seja apenas um queijo quente.
> Tenham alguma coisa além de água e cerveja na geladeira para oferecer.
> Mandem flores.

---

* Se quer estar a salvo em qualquer situação ou em alguma emergência recorte e coloque no bolso ou na carteira para consulta.

- Façam surpresas.
- Gostem de sexo (com qualidade, mesmo que "uma rapidinha").
- Deem importância às preliminares.
- Acreditem que TPM e clitóris existem (é verdade!).
- Sejam organizados.
- Sejam sutis e gentis.
- Saibam trocar ao menos uma lâmpada.
- Saibam trocar um pneu com rapidez.
- Não tenham medo de baratas.
- Saibam arrumar sua própria mala.
- Chamem o garçom com um por favor.
- Tenham agenda, para lembrar das datas importantes.
- Presenteiem, de preferência, com presentes que ela goste, mesmo que seja algo bem simples (pergunte à melhor amiga).
- Saibam sempre agradecer e elogiar.
- Não tenham a mala maior do que a dela.
- Tenham boa memória para as coisas importantes – o problema é que para mulher tudo pode ser importante (sei que isso é terrível, mas é verdadeiro).

Mulheres odeiam que os homens:

- Tenham cabelo sujo.
- Não levantem a tampa do vaso sanitário.
- Coloquem a toalha molhada na cama.
- Bebam demais.
- Falem muito palavrão.

- Sejam " espaçosos" e se "esparramem " onde chegam.
- Falem das ex-mulheres.
- Olhem descaradamente para outras mulheres (discretamente até dá para fingir que não percebeu).
- Achem o final do campeonato de futebol de seu time mais importante que o aniversário dela.
- Contem vantagens, só falando na primeira pessoa: "Eu".
- Cheguem com cara de tarado para assediá-las em lugares públicos, onde elas se sentirão expostas, e em lugares isolados, a sós, quando sairão correndo com medo. (Obs.: nem as mulheres mais liberais ficarão chateadas com um homem sutil).
- Usem roupas justinhas.
- Tenham calça centropeito.
- Sejam mal-humorados e emburrem por qualquer coisa.
- Não deem atenção às preliminares.
- Não liguem no "dia seguinte".
- Não respondam aos telefonemas e convites.
- Abram a geladeira dela sem ser convidado.
- Não parem de falar ao telefone, quer seja no fixo ou celular, quando estiverem com ela.
- Usem lencinho na lapela.
- Sejam pegajosos.

Algumas sugestões de Glória Kalil:

Nunca use: roupas transparentes, roupas que brilhem, roupas safari, terno com cor de fruta, camiseta regata (no máximo, na academia), sapato colorido, cabelo tingido, anel de formatura.

Sempre use: tweeds, jeans, jeans com blazer, jeans com camiseta, camisa polo com calça social bem passada, calça cáqui, camisa azul com calça bege, sapatos marrons ou pretos, ternos de cores básicas: preto, marinho ou cinza.

Acessórios que envelhecem: prendedor de gravata, jeans com vinco, colete, jaqueta jeans com calça jeans, cabelo tingido, bigode, calça centropeito, bermuda com cinto social, ler menu à distância.

Coisas para não se esquecer jamais:

Quando houver um término doloroso, daqueles que mais parecem uma batida de frente com um caminhão, que além de lesar a sua cabeça, escurece a visão, tira a razão, amarga a boca, afunda o chão e asfixia todo o peito:

- Nada melhor do que guardar retratos, presentes, CDs e tudo o que traga lembranças em lugar de pouquíssimo acesso, lá em cima do armário, junto com as roupas de esqui, com cheiro de mofo – é bobagem jogar fora, pois pode servir para pesquisa no futuro.
- Nada de ficar ligando para ouvir a voz ou falar rememorando coisas que não têm mais nenhuma importância para ela. Você se tornará um chato, com chance de inspirar repulsa.
- Faça um exercício de esquecimento do número do celular e adjacências = toda vez que tiver o impulso e o dedo coçar para discar, ligue para seu irmão ou para o melhor amigo(a) (coitados, amigos são para essas coisas).
- Conviva com pessoas que não tinham ligação com os dois, para ter assuntos diferentes.

- Se exercite, malhe, corra: gaste energia e eleve a produção de dopamina.
- Tome sol: ilumina e estimula o cérebro.
- Veja filmes alegres e mude de assunto.

Quando estiver obcecado por ela e quiser seduzi-la de qualquer jeito:

- Cuidado para não parecer um "encosto", à beira da perseguição.
- Seja sutil, gentil, comedido nas ligações e nas aparições. Ela seguramente gosta de ser conquistada aos poucos. Se fazer de difícil, às vezes, resolve.
- Elogie, elogie, elogie. Sempre.
- Presenteie, mas só de vez em quando, pois a mulher enjoa com qualquer excesso.
- Diga algumas frases de efeito, diferentes daquelas horrorosas como "onde é que você estava que ainda não tinha te encontrado" ou "boneca também fala". Cruz credo!
- Saiba alguma coisa sobre "chacras", "signos", "ioga", "crédito de carbono"; mas pouca coisa, por favor, apenas para fugir do trivial e depois deixe que ela fale e escute com atenção.
- Conte que já chorou ao assistir um filme e diga qual.
- Imite alguns gestos dela e repita palavras-chave.
- Não se eleja *sommelier* se não tiver curso de pós-graduação no assunto; é chatíssimo ter um rapazinho que leu o resumo sobre os vinhos de Bento Gonçalves (aliás ótimos e acessíveis) no catálogo do supermercado e vê-lo

ficar cheirando a rolha, depois metendo o nariz no gargalo, balançando a prova do vinho na taça até respingar em todo mundo e, em seguida, devolver o vinho porque não está a contento.

- Crie momentos de intimidade, com a aquiescência dela (lógico).
- Discuta a relação ao menos uma vez por ano.
- Se preocupe com as preliminares – s-e-m-p-r-e.
- Faça jogo duro de vez em quando – funciona s-e-m-p-r-e.
- Por fim, ministre doses homeopáticas na sua conquista.

Para quem é supersticioso, vale a brincadeira de umas "simpatias" (você pode fazer sem contar a ninguém, nem a seu melhor amigo; depois, me mande um e-mail dizendo se funcionou – quem sabe dê certo e você possa recomendar tanto o livro quanto a simpatia):

Ela parece sua sombra, "chave de cadeia": aqui vai uma simpatia para ela sossegar e "baixar em outro terreiro".

Compre uma boneca, magra, gorda, loura ou morena, conforme as características dela, escreva "vai com Deus" ou "seja feliz longe do meu pé", num papelzinho pequeno embaixo do nome completo dela e prenda à boneca; a seguir amarre a boneca e o bilhete em uma pedra pesada, com cordão ou corda, conforme o caso, e jogue no fundo de um rio ou mar recitando sua prece preferida.

Só tenha muito cuidado se for jogar, por exemplo, de cima da ponte Rio-Niterói, no Rio de Janeiro, porque tem o perigo grave de cair em cima de algum barco ou pescador que não tenha nada a ver com isso e gerar um terrível estrago.

Boa sorte!

Ela não está se rendendo aos seus maravilhosos encantos?

Temos uma simpatia para esse caso.

Compre uma maçã bem bonita, vermelha, suculenta, não faça economia na escolha; tire todo o miolo e jogue fora, ferindo o mínimo que puder a maçã; escreva o nome completo dela em um papelzinho e o que você deseja embaixo do nome; coloque a maçã em cima de um pratinho branco limpo e novo, o papelzinho enrolado dentro do furo que você fez anteriormente e despeje mel até encher.

Inicie esse procedimento numa segunda-feira e nas duas próximas segundas volte a encher a maçã com mel, mesmo que ele transborde. Sempre ao som de suas preces e pedidos.

Na terceira segunda-feira, leve o prato com todo o aparato, maçã e o bilhete encharcado de mel e jogue no mar ou no rio... para ser levado.

Nesse caso, o único problema é a quantidade de moscas e formigas que pode atrair, por causa do mel, mas mesmo assim vale a pena tentar.

> Podemos mentir com a boca,
> mas com a expressão da boca ao mentir
> dizemos a verdade.
>
> FRIEDRICH NIETZSCHE

Capítulo 15

O TEU CORPO TE DENUNCIA

Banheiro em uma livraria mega store (mega realmente, com vários andares), em São Paulo –19h30.

Prateleiras de livros – todos; estantes de CDs – muitos – com *displays* e *headphones* sendo testados por alguns usuários visivelmente contumazes – no toalete Clarissa e Juliana, 30 e poucos anos, vindas direto do trabalho para um chá na cafeteria de muito movimento, que reunia apreciadores de literatura genuínos, outros nem tanto; curiosos muito mais à procura de pares do que de livros, amantes de café quentinho, gente de todo e para todo gosto.

Clarissa: Que cara interessante. Gostei logo que o vi. Um bom livro na mão, um grande sorriso, bem vestido, chegou devagar. Você viu? Ele estava procurando um livro no computador e eu atrás aguardando minha vez – quando ele virou para trás, que susto, um gato, com aqueles dentes de um sorriso lindo: me falou que eu poderia passar na frente que iria demorar porque estava procurando vários livros. Nossa Senhora! Aí o papo começou a rolar – achou interessante que eu estivesse com um livro do Gabriel García Marques nas mãos e me chamou para um café.

Eu disse que estava com uma amiga, mas ele nem se importou e falou que era mais uma amiga para conhecer. O resto você viu, depois que ele se sentou conosco na mesa. O que você achou?

Juliana: Achei não, tenho certeza: ele ficou superafim; aliás, depois que saímos daqui, sento mais um pouquinho e digo que tenho um compromisso.

Clarissa: Mas por que você acha que ele ficou a fim de mim?

Juliana: Simplíssimo. A olhos vistos. Não precisa nem ser muito perspicaz: viu o jeito que ele sentou? Começou a conversar e aos poucos foi virando para seu lado – na cadeira – até ficar completamente torto, inclinado sobre a mesa, quase quebrando a coluna. As palmas das mãos o tempo todo viradas para cima. E você, hein? Não parava de mexer nos cabelos e falando inclinada também em cima da mesa – vai ter torcicolo (risos). Muito engraçado! Estou sobrando mesmo. Vou ficar mais 30 segundos e digo que tenho um compromisso para vocês ficarem sozinhos. Ok?

As revelações e a denúncia da linguagem do corpo: tão claras, embora às vezes tão sutis.

A linguagem do corpo

Parodiando uma citação do livro *Eu sei o que você está pensando*, de Lilian Glass, que como outros também serviu de inspiração para este capítulo, cito Sigmund Freud que, na sua sabedoria empírica, servirá sempre de guia para o entendimento humano:

> **"Aquele que tem olhos para ver e ouvidos para ouvir, pode convencer-se de que nenhum mortal é capaz de guardar um segredo. Se os lábios silenciam, as pontas dos dedos falam. A traição emana por todos os seus poros."**

Diferentemente dos homens, a maioria das mulheres consegue estudar e decidir sobre a linguagem de seu próprio corpo.

Uma mulher se insinua premeditadamente com os movimentos, com a voz quando interessa, mas, apesar de serem articuladas, o que existe por detrás das palavras e gestos, o que a linguagem do corpo verdadeira pronuncia é soberana, por mais ensaiado que tudo seja.

A literatura sobre o assunto é vasta e rica de informações, das quais um homem não pode renunciar.

Da veracidade à leveza, encare com seriedade o tema, anote e memorize os elementos transmitidos, porque o que eles denunciam é de utilidade pública. Podem ser a arma poderosa para diferenciá-lo dos outros homens em uma conquista: poupá-lo de embaraços em situações desconhecidas; ajudá-lo a protelar uma conversa de tempo delimitado; permitir-lhe desvendar segredos não confessos.

Cumulando esses conceitos, você pode, de forma cautelosa, prodigiosa e não declarada desvendá-la a tempo de não perdê-la ou de não entrar numa roubada, se for o caso.

Você pode estar à frente de uma "chave de cadeia", correndo o risco iminente de ser "iludido por promessas falazes", estar à beira da perseguição por mulheres impertinentes e obsessivas, face a face com mulheres fálicas e perigosas, ou estar prestes a perder "a mulher maravilhosa" por não detectar os sinais emitidos por ela.

Leia e ouça o rosto, as mãos, as pernas, os pés, o corpo todo.

Pode ser extremamente útil em todos os intuitos de sua vida se, além de observar com atenção e traduzir as pessoas, trajar-se em próprio interesse e benefício com uma linguagem que beneficie a você.

Traduzir a linguagem do corpo torna seu olhar talentoso e suas atitudes oportunas.

Você pode prescrever sua presença e imprimir suas habilidades com uma linguagem de corpo adequada, conduzindo o evento para um desfecho calmo ou incitante, insípido ou efervescente.

Há pessoas que magnetizam de forma visceral, mesmo nem sendo tão bonitas, e aquelas que passam completamente despercebidas, ainda que tenham dotes físicos.

Existe um código implícito em cada gesto, expressão, postura e movimento, e as revelações e as denúncias da linguagem do corpo podem ser claras, porém sutis se você dominar o assunto.

Assim:

> ▸ Se ela estiver com o corpo para trás ou com os braços cruzados, saiba que tem pouco interesse em você; mas se, ao contrário, estiver curvada para a frente com a palma das

mãos à mostra e sacudindo ou mexendo no cabelo, está pedindo e fazendo um convite para que venha para ela.

- Se estiver passando as mãos pelos próprios braços, pernas, pescoço é sinal de desejo sexual.
- Mão segurando o queixo significa expectativa; mão na boca, não sabe o que dizer.
- Cotovelo apontado para você: afaste-se, saia fora.
- Se cumprimentá-lo ou abraçá-lo afastando o bumbum para trás está querendo dizer: meu camarada, posso vir a ser sua melhor amiga, mas no momento em questão não quero nenhuma intimidade sexual.
- Quando sentada, apontando os pés para você demonstra interesse, concordância; em compensação, com os joelhos grudados um no outro ela também está travada.
- Ela chegou e não larga a bolsa, deixando grudada no corpo à frente ou no colo, como se a bolsa fosse fugir – das duas uma: ou tem um tesouro em mãos ou já está querendo ir embora.
- Quando já no primeiro encontro ela fala desbragadamente a ponto de você conhecer toda sua vida, das intimidades mais inconfessas, dela e dos outros, aos anseios mais profundos, cuidado: este é o retrato de uma pessoa muito ansiosa e insegura, que pode no "aniversário" de um mês de namoro chegar com um envelopinho com o exame de Beta HCG (teste de gravidez) positivo e dizer: "amor, seu presente".
- E você? Quer agradar? Mostre muito interesse, prestando atenção a tudo e repita algumas palavras que ela falar. Repita alguns gestos, como, por exemplo, quando ela

levar o copo à boca, faça o mesmo. Se ela descruzar as pernas, faça-o também.

› Sentada ao seu lado, volte os joelhos e a ponta dos pés para ela. Esbarre "sem querer" no seu braço ou nas suas mãos. Mas seja cauteloso: existem mulheres que odeiam aqueles caras que ficam pegando. Grude? Não! Nunca!

› Falar muito alto, e o tempo todo de si próprio, assusta e intimida qualquer pessoa. Moderação é o que existe de melhor. Aliás, pergunte sobre ela e elogie com parcimônia.

Falar baixo, sem exagero, de forma audível, é excitante.

› Coluna ereta, postura confiante, cabeça erguida sem arrogância, olhar firme e fixo dentro dos olhos inspira firmeza e crédito.

Ainda, segundo informação do livro *Eu sei o que você está pensando*, pesquisas mostram que 55% da comunicação verbal é facial.

› Um olhar convicto, prolongado e interessado, faz que as pupilas dilatem.

› Os olhos não mentem: um olhar baixo significa que eles podem estar tristes; olhos cheios de desejo ou de paixão são pedintes; olhos zangados são espremidos; de desconforto ou mentira são desviados dos seus; piscantes demais são inseguros; atônitos são erguidos; olhos de surpresa são arregalados e assim por diante.

› Se as sobrancelhas das pessoas subirem e descerem rapidamente ao se encontrar com você é demonstração de prazer e simpatia. Passe a observar os olhos com cuidado e descobrirá tantas nuances que sequer poderia imaginar.

- É importante demonstrar segurança em cada gesto, expressão e aperto de mão.

- Mãos ocultas, por exemplo, dentro do bolso, ou cerradas, denotam quem quer esconder alguma coisa, nem que sejam as próprias emoções. Mas se, em compensação, estiverem cruzadas atrás da cabeça com os braços flexionados, demonstram tranquilidade, conforto e calma.

Por fim, sorria sempre, tenha os olhos concentrados na pessoa que estiver ao seu lado, não esteja presente de forma fragmentada, jamais cruze os braços e, se pretende sintonia, tente repetir seus gestos de vez em quando. Ouça e preste atenção no que estiver ouvindo e não exagere nas palavras "eu" e "meu".

Independentemente de sedução e conquistas que possa lhe propiciar, não meça boa postura e elegância, pois elas estarão o tempo todo em seu proveito.

> Tudo me é permitido, mas nem tudo me convém.
>
> Apóstolo Paulo

Capítulo 16

O SECRETO ESCONDERIJO DAS BOLSAS

"Não vemos as coisas como são:
vemos as coisas como somos."

ANÄIS NIN

Banheiro de um restaurante de classe alta em São Paulo.

Roberta: branca, de cor quase virgem, pele luminosa, idade por volta de 30 e poucos anos, roupa sensual sem ser vulgar, sob um casaco elegante, salto que lhe dava uma altura próxima dos seus 1,70m, voz discreta.

Antonia: 30 e muitos anos, beirando os 40 talvez, cor de pele provavelmente adquirida de um bronzeado artificial devido ao tempo de garoa de São Paulo, "**sobretudo**" (ver Glossário) preto com gola de pele ecológica, maquilagem forte, delineando bem os olhos verdes, possivelmente feita por um maquiador profissional, voz menos discreta, o que me permitiu participar do diálogo apesar da distância.

Roberta: O que é que vou fazer agora com esse zíper arrebentado? E logo hoje que a gente ia sair para dançar depois daqui? Parece que o Fred gostou de mim. O que acha? Seu maridão acertou em cheio, hein? Ai meu Deus e o zíper?

Antonia: Calma! Tenho linha e agulha. O problema vai ser achar aqui, solto dentro da bolsa.

Roberta: Deixe eu colocar papel-toalha em cima da bancada e você vai colocando suas coisas sobre ela até a gente achar.

Batom, guarda-chuva, pente, caixa de lente de contato, colírio, carteira, fotos, provavelmente dos filhos, minicaixinha de maquiagem, fósforos, molho de chaves...

Roberta: Como é que cabe tanta coisa dentro dessa bolsinha?

Antonia: Necessidade amiga, necessidade!

Roberta: Mas esse monte de chaves serve para o quê, se você está com o Eduardo e ele já tem a chave de casa e do carro? Dá que um assaltante roube o carro. Pelo menos a gente pode entrar em casa (risos).

Antonia: Eureca! Linha e agulha. Me ajude a guardar as coisas dentro da bolsa, que te ajudo a costurar, para sairmos logo daqui. O Eduardo vive me perguntando o que é que a gente faz tanto no banheiro, que demoro horas.

Os tais Eduardo e Fred devem ter dormido do lado de fora, porque calmamente elas costuraram o zíper inteiro.

Bolsas. Objeto de utilidade vital e fascínio das mulheres. Objeto que traduz quase sem margem de erro a personalidade de cada uma delas. Objeto de desejo. Objeto de apoio em momentos de constrangimento. Insubstituível.

O mais relevante neste capítulo é você acreditar que: não importa a classe social, lugar de origem, cor, estado civil, nível de escolaridade, diversidade de gosto, personalidade, grau de autoestima, a bolsa sempre será reveladora, respeitando dois fatores: os parâmetros de diversidade entre as mulheres e a idade.

Adolescente. Leva o diário (com chave), "**gloss**" (ver Glossário), chaveiro de ursinho, telefone celular azul ou cor-de-rosa, com "**pingente**" (ver Glossário), cadernetinha de anotações para pegar autógrafo de algum ídolo que apareça, vários pregadores de lacinho para o cabelo, canetinha colorida, telefone da mãe, do pai, do médico da família, anotados num cartãozinho, pela mãe.

Aquela, lá pelos seus 25 anos. Leva pílula anticoncepcional, batom, camisinhas (se não leva, deveria), escova de cabelo, escova de dentes, cartões de visita para eventual necessidade, molho de chaves, chaves de casa, do carro e da mesa de trabalho.

Passados os 35 anos. Protetor solar, frasco de glóbulos de homeopatia, vidro de floral para ansiedade, livro de autoajuda, "**corretivo para olheiras**" (ver Glossário), álbum de fotos dos filhinhos, cartões de credito, cartão do plano de saúde, perfume.

Entrados os 40 anos. Protetor solar, Prozac, agenda eletrônica, batom, "**pó de arroz**" (ver Glossário), brinco sobressalente, lenço de papel, carteirinha do plano de saúde, bala de hortelã, dois telefones celulares, corretivo para olheiras, vários cartões de crédito.

Anunciados os 50. Gel para lifing instantâneo no rosto, pílula de hormônio natural, pinça para os pelos incômodos, telefones de emergência, cartões, batom, "**base**" (ver Glossário).

Assumidos os 60 ou mais. Remedinho para pressão, carteira de identidade com foto aos 20 anos, foto dos netos, vários bilhetinhos com anotações, alguns papéis sem muita utilidade, vários saquinhos de plástico cheios de coisinhas sem muita utilidade, guarda-chuva, caixinha com divisória para comprimidos, lenços de papel, saco de biscoito aberto.

Da mesma forma que você não deve reclamar da ida sempre acompanhada das mulheres ao banheiro e sua permanência infinita dentro deles, não tem o direito de interferir no tamanho e conteúdo de suas bolsas e de suas malas de viagem.

Elas podem trazer segredos nunca revelados, assim como pode demorar cinco horas para arrumar as malas, mesmo que a viagem seja apenas de dois dias.

Entenda! É normalíssimo. O transtorno e o trabalho que arrumar uma mala para um fim de semana causam na vida de uma mulher é quase o mesmo da mala de umas férias inteiras numa estação de esqui ou na praia. Chega a ser estressante.

Se quer tê-la intacta, inteira e disponível para você, respeite e creia no desgaste que isso lhe causa.

Calma. Tudo tem solução. Peça para que ela arrume a mala, no horário que passará o jogo de futebol do seu time na televisão. Daí não vai haver estresse para nenhum dos dois. Ela terá

90 minutos, com prorrogação, para decidir calmamente o que levará. Botando, repensando, tirando e recolocando as roupas e todos os objetos pessoais indispensáveis, de absoluta necessidade, e você não será interrompido durante o espetáculo. Se, mesmo assim, ela não tiver acabado de arrumar a trabalhosa mala, leia o jornal duas vezes de cabo a rabo; quem sabe valha a pena decorar algumas notícias, pois pode ser que algum dia tenha alguma utilidade, ou ainda pegue uma cerveja geladíssima e leia aquela revista de economia semanal, que você nunca tem tempo de ler inteira. Aquela? Sim, aquela que quando chega a nova no fim de semana se acumula com a anterior, que já havia se juntado com mais uma de duas semanas atrás, e você não tem coragem de jogar fora, porque acha que tem alguma reportagem ou notícia que não pode deixar de ser lida, mesmo que já tenha mudado todo o cenário econômico.

Essa é a hora ideal para botar toda sua literatura em dia.

Caso a viagem seja para fora do país, que tem peso máximo de bagagem permitido, é prudente que compre com antecedência uma balança e dê de presente para ela, se não quer ter a mala apreendida na hora do embarque.

Voltando às bolsas

Me empolguei com as malas, que são, afinal, bolsas grandes, mas voltando às bolsas verdadeiramente, é de muita indiscrição mexer na bolsa de uma mulher, mas você, com um pouco de sensibilidade e habilidade, pode observá-la de rabo de olho a uma distância confortável para poder saber onde é que "está amarrando seu bode".

Se ela usa bolsas enormes, cheias, com objetos diversos espalhados para tudo quanto é tipo de necessidade, provavelmente seja extremamente prevenida, daquelas que se você cortar o dedo, terá um band-aid para oferecer, ou mesmo não fumando terá um fósforo para eventual emergência.

Quando viajarem, na bagagem ela terá velas, no caso de faltar luz no hotel; remédios, mesmo que não seja hipocondríaca, para atender a quem quer que precise; roupa para frio, temperatura amena e calor; tesourinha de unha, ferro de passar roupa.

Às vezes podem ser meio confusas, mas têm ótimo senso de humor.

Se sua bolsa é cheia de batons de diversas cores, escova de cabelo, vários prendedores de cabelos, perfumes, uma blusinha extra para trocar = vaidosa ao extremo pode ser uma mulher com certa insegurança.

Nas viagens, terá uma *necessaire* com um creme para cada parte do corpo, rosto, pescoço, ao redor dos olhos, pernas e pés, uns seis sapatos entre sapatos, sandálias e botas e secador de cabelos, lógico, mesmo que os cabelos sejam lisos.

É bom que sua mala seja bem pequena, para que não paguem excesso de bagagem porque caso peça para que ela reduza o tamanho da sua, ela vai se aborrecer, além do que seria impossível. Tudo o que tem lá dentro é absolutamente imprescindível.

Não devem gostar de filmes franceses ou iranianos e às vezes podem ter algo de superficial, mas nada que o incentivo e um carinho seu não a faça revelar seu lado mais profundo.

No caso da bolsa ter tudo e muito mais, mas em outras bolsinhas menores, separadas cada uma com sua função, espere por uma mulher organizada e detalhista, que vai observá-lo em cada detalhe.

Na mala de viagem também terá várias bolsinhas separadas. As roupas mais chiques estarão enroladas em papel de seda, e dentro de saquinhos plásticos. Se sua mala for desorganizada, irá querer interferir na arrumação.

Na chegada ao hotel, tirará tudo da mala para organizadamente colocar nos armários, mesmo que não use um terço do que levou.

Sorte sua que a qualquer momento que necessite de alguma coisa ela saberá procurar no escuro, inclusive em casa, onde os armários têm gavetas com roupas separadas por cor, todos os copos, vidros e cosméticos em ordem de tamanho e qualquer caixa, lata ou garrafa, antes de colocar na geladeira, terá passado por um longo banho.

Não se esqueça de abaixar a tampa do vaso, de recolher a toalha molhada da cama e de apertar a pasta de dentes sempre na parte de baixo. Afinal, ela vê tudo. São detalhistas, mas versáteis.

Em qualquer ocasião traz consigo uma bolsa pequenina, daquelas de mão que só cabem dentro de si, o extremamente necessário; assim, somente carteira de identidade, um cartão de crédito, dinheiro, uma chave e um batom. São mulheres claramente práticas e seguras.

A mala de viagem provavelmente será de tanta praticidade quanto a bolsa. E, como raras mulheres são capazes de fazer a mala em meia hora e não se esquecer de nada que necessite, até porque esta nunca precisa de muita coisa.

Pode até não ser muito organizada, mas é bastante funcional.

Não usam muitos cremes e pouca maquiagem.

Às vezes, são tímidas, mas com a convivência vão se soltando e são ótimas companhias.

As que só usam mochilas. Pequenas, médias, grandes. Elas devem ser despojadas. Se não praticam esportes, gostam deles, topam programas mais aventureiros.

Gostarão de viagens alternativas, assim como de uma água de coco, num quiosque da praia, com uma espiga de milho deliciosamente quente.

São aquelas mulheres que se aprontam com mais rapidez que o habitual, até mesmo mais rápido que você.

Calça jeans e camiseta é sua roupa predileta, mesmo que sofistique à noite com uma blusa mais chique, mas sempre com calça jeans.

Não reclame se ela estiver sem fazer as unhas, ou os cabelos estiverem sempre a favor do vento, porque para ela isso não é o mais importante, bastando que esteja limpa e perfumada.

Bolsas daquelas de tamanho médio, cor discreta, de alça curta, que em vez de se carregarem no ombro, se carregam no antebraço. Retratam mulheres mais convencionais e elegantes. São mulheres discretas e adorarão ir ao teatro ou ser convidada para um café.

Se, num caso extremo, não carregam bolsa nenhuma ou estão com problema sério de coluna, são independentes em excesso, estão te testando, ou são dependentes ao extremo e confiam muito no homem com quem estão saindo, a ponto de acharem que não têm necessidade de levar nada, porque ele resolverá toda e qualquer situação. Aliás, se não levam consigo bolsa alguma, me rendo: essas são mulheres muito difíceis de se avaliar.

Nunca se esqueça de que quando falamos de mulheres, literal e absolutamente, tudo é relativo.

Ela pode fazer um tipo "leve", despojado, ou tradicional e recatado, mas se incitada entre quatro paredes ou mesmo sem nenhuma parede poderá deixá-lo perplexo e contradizer todo o previsto.

Amantes, amigas, mulheres, mães. Mesmo executivas, mesmo independentes.

E uma queixa não tão infrequente é que quanto mais cultas, autossuficientes, bem-sucedidas e soltas, menor o leque de oportunidades delas com os homens.

Até os mais poderosos temem as mulheres muito seguras.

Não se sintam ameaçados

Toda mulher pode ser domada. Na mesa, na cama, nos atos. Só não peque pelo excesso: nem muito nem pouco demais.

Coloque-se no lugar de uma delas. Pense no que instiga, motiva, atrai ou inspira uma mulher insegura ou muito oferecida, semelhante a uma mercadoria em liquidação.

Com as mulheres acontece o mesmo.

Dê tudo de melhor, mas em doses homeopáticas.

Ofereça com generosidade; depois puxe as rédeas "AD ETERNUM".

Se você está na fase de conquista, surpreenda-a telefonando e pedindo para que faça as malas para daqui há três dias, com várias roupas de frio, para uma viagem, sem dizer qual é o roteiro ou lhe dê uma joia maravilhosa e não ligue no dia seguinte. É fatal, porque estas serão provas cabais de interesse, romantismo e paixão, mas nem tanto.

Deixe que ela pense que deve haver sempre algo a conquistar em você. Ela pode até nem assumir que sucumbiu, mas seguramente se envolverá.

Agora quem confessa sou eu: estou com sentimento de culpa por revelar estes segredos, mas é para o bem e acreditem que a minha intenção é das melhores.

> Animal arisco... domesticado
> esquece o risco.
>
> Roberto e Erasmo Carlos

Capítulo 17

MULHER: ANIMAL ARISCO

Banheiro de uma grande empresa multinacional em São Paulo – 20 horas.

Silvia: terninho preto, sapato de salto alto, brincos discretos, sem dúvida de ouro e diamantes, relógio de marca, muito pequeno para meu gosto e para a altura dela, cabelos louros tintos, organizadamente presos, rosto anguloso, magra sem ser esquelética, 40 e alguns anos.

Ana: calça preta e camisa de seda branca, sapatos elegantes, sobrancelha delineando os olhos verdes não muito expressivos, pele muito branca, voz estridente, embora de tom baixo, joias de bom gosto, 40 e muitos anos, interessante.

As duas retocavam a maquilagem, já no final do expediente, para um encontro com seus pares dali a poucos minutos.

Silvia: Ana, acho que poderíamos pleitear logo um **"bridge loan"** (ver Glossário), porque o **"Project finance"** (ver Glossário) ainda vai demorar uns três meses para ser concluído.

Ana: Mas você não acha que este **"ACC"** (ver Glossário) que estamos tomando esta semana será suficiente para suprir nosso caixa de curto prazo? É só a gente dar uma equacionada no fluxo. Fazer uns ajustes. Porque o "bridge" acaba saindo caro e penso que poderemos esperar até o "project" ficar pronto. Em último caso, vendemos umas LFTs. O que acha?

Silvia: Não acho bom nos desfazermos de ativos. Até porque o momento não é dos melhores, mas vamos continuar nossa conversa amanhã. Eles devem estar nos esperando e o Felipe odeia que eu fique falando de trabalho quando estou ao lado dele. Acaba nossa noite. Fica emburrado como uma criança.

Ana: Melhor parar o assunto mesmo, porque o Edgar também reclama. Diz que toda vez que saímos, os quatro, o assunto acaba sendo a empresa.

~~~

Se você é executivo ou trabalha no mercado financeiro, certamente esses termos soam muito familiares, caso contrário pode ter ficado assustado. E mesmo que seja ligado ao mercado financeiro, deve estar perplexo.

Essa conversa no banheiro?

É verdade. Juro!

As mulheres, louras ou não, também falam desses assuntos e de tantos outros tão sérios e de conteúdo que seria maçante contar todos, embora com exceção das modelos internacionais, que sempre ganham muito mais que os modelos; elas não sejam normalmente valorizadas, sejam tão ou quiçá muito mais capazes, porque levam o trabalho muito a sério. E, por vezes, têm de fazer várias coisas e muito mais para provarem que são capazes. Não raro, a uma mulher de muito sucesso, que tenha ascendido de forma meteórica ou não, constantemente ou vez ou outra lhe sejam atribuídos predicados nem sempre elogiosos.

O mundo mudou, é verdade, mas não na velocidade do progresso da capacidade e das conquistas femininas.

Elas cresceram, ficaram independentes, se libertaram, se desobrigaram. Por isso desoneraram o homem? Nem tanto. A não ser que se esteja falando somente de minorar o ônus financeiro. Elas simplesmente puderam sair de casa e sobreviver. E em terem prazer sem serem levadas para a fogueira. E adoram falar de direitos, mesmo que nem todas possam vivenciá-los.

Mas, no fundo... no fundo... acreditem, continuam as mesmas.

Não se intimide diante de uma mulher como uma dessas da conversa anterior, embora esse tipo de mulher, na maioria das vezes, repila homens medíocres e sem cultura. Mas, como já disse outras vezes, em se tratando de mulheres, não há ciência exata e dois mais dois normalmente não são quatro, e a verdade pode nunca ser absoluta.

Assim, vale a pena tentar, mesmo que você não seja uma sumidade em economia nem um intelectual. Sendo elegante, gentil e bem humorado, pode ser que ela esteja à procura exatamente de alguém como você, que fale sobre assuntos amenos e diferentes, e fuja dos que bombardeiam seu dia a dia. É uma questão de se arriscar.

Ela pode tornar-se uma pessoa mais suave e você se aprofundar em assuntos mais densos.

Tente!

"Onde uma mulher deve usar perfume?", perguntou-me uma moça. "Onde ela quiser ser beijada", respondi."

COCO CHANEL

Capítulo 18

CHEIRO DE MULHER

Banheiro da churrascaria-rodízio mais cara do Rio de Janeiro, sábado chuvoso de julho – 15 horas.

Mariana: Boa aparência, elegante, calça jeans, camisa branca de manga arregaçada, cabelos presos "sem nenhum rigor", com alguma chance de erro meu, perto de 40 anos.

Beatriz: Magra, alta, cabelos curtos, bem harmonizados com o rosto anguloso, vestido estampado de alcinhas, elegante, mas mais verão que um dia chuvoso de julho; idêntica faixa etária da outra mulher.

Mariana: Já não gosto de churrascaria com esse negócio de garçons, com espetos pingando ao seu lado, mesmo que sua plaquinha esteja vermelha. Depois, esse barulho ensurdecedor. E não sei o que é pior. A gente acaba comendo demais e misturando comida japonesa com feijoada (risos). Agora, já não bastasse o cheiro de comida e de gordura, seu amiguinho querido sentado a meu lado, perfumado com um vidro inteiro de perfume barato. Deus me livre, além de alergia, estou com enjoo. Esse tipo deve usar talquinho dentro da cueca (risos).

Beatriz: Barato não deve ser, mas que ele exagerou, exagerou. Foi engraçado você espirrando sem parar e ele todo preocupado; ele é tão legal e antes assim cheirozinho.

Mariana: Ah não! Cheirozinho? Empestado de perfume. Melhor apenas com cheiro de banho ou aquele cheirinho de perfume ao longe, que você tem de procurar em todos os lugares até achar (risos). Quando voltarmos para a mesa, vou continuar espirrando. Você sabia que em alguns restaurantes mais chiques e formais em Paris pede-se para ir com pouquíssimo ou sem perfume para não alterar o sabor e aroma da comida?

Beatriz: Acorda menina, não estamos nem em Paris nem em um restaurante formal.

Mariana: Que pena, e nem com um cara discreto e elegante, mas vamos lá. Respirar fundo e encarar. Ih, não, respirar fundo não!

～～～

Viu pessoal? Aqui também continua valendo "menos quase sempre é mais".

A propósito dessa conversa, procurei livros, matérias e sites sobre "cheiro", "perfumes", "aromas", "feromônios" e achei muita coisa interessante. Difícil foi resumir porque o assunto é extenso, excitante e provocativo. Mas resolvi partilhar com vocês.

Especula-se que o homem já usava óleos de plantas com fragrâncias desde os inimagináveis 7 mil anos a.C.

Há muitas referências sobre o Egito Antigo, Mesopotâmia, Índia e Grécia há milênios sobre uso de aromas e óleos afrodisíacos.

Cleópatra, que viveu no século I a.C., não era considerada bonita mas sua astúcia, sedução e encanto propiciavam uma vida de luxúria que chegou a levar Júlio César a uma paixão enlouquecedora, a ponto de lhe devolver o trono perdido e Marco Aurélio, general romano, a feitos inimagináveis dentro de sua paixão ardente.

Conta a história que um de seus maiores atrativos eram os incensos no ambiente e aromas do corpo, das roupas, da cama, tendo se perfumado até antes de se suicidar.

Embora o olfato tenha ligação direta com o cérebro, não se sabe muito porque ele exerce tanto poder nas emoções e na memória.

Segundo pesquisa apresentada no jornal O Globo – Caderno Saúde – Ciência de 31/08/2008, em cada momento de sua vida você tem um cheiro que pode levar à paixão ou à repulsa de alguém.

O olfato tem memória porque o hipocampo (parte do cérebro ligada à memória) pode ser ativado pelos cheiros.

E, segundo Augusto Cury, "Você se vê, através das janelas da memória".

Memórias... leiam-se lembranças boas ou ruins, emoções prazerosas ou de desagrado.

Os cães, por exemplo, com olfato apuradíssimo, percebem o medo das pessoas porque sentem o cheiro da adrenalina.

Diz-se que casais que se casam muito jovens, quando chegam na "**menopausa**" e "**andropausa**" (ver Glossário) e passam por mudanças hormonais importantes, mudando consequentemente o cheiro que exalam, tem sérias possibilidades de ter o relacionamento comprometido.

Os cheiros mais antigos são de fumaça, de especiarias e de ervas.

A palavra "perfume", de origem latina, vem de *per* (através) e *fumum* (fumaça), com origem aproximada de 3 mil a.C., quando acreditavam que os pedidos para os deuses chegavam mais rápido por meio das fumaças aromáticas que subiam para os céus. (*Revista Eletrônica de Jornalismo Científico – Com-Ciência*).

Trazendo a valor presente, hoje, além de comentarmos sobre perfumes, é muito mais atual falarmos sobre os efeitos estrondosos dos feromônios, do grego antigo – *fero* (transportar) *órmon* (excitar), são substâncias químicas exaladas pelos animais, incluindo nós, os racionais, que permitem o reconhecimento e a atração sexual entre as espécimes.

É sabido que, em algumas lojas nos EUA, já se borrifam perfumes com esse conteúdo... em roupas, lingeries, para inconscientemente despertar nas mulheres a compulsão pelas referidas compras.

Há perfumes com esse componente disponíveis na internet e em lojas de especialidades, prometendo maravilhas.

Mais naturais e acessíveis são produtos que imitam o efeito dos feromônios: aipo, cominho, jasmim e benjoim.

Caso você se interesse, poderá ler mais sobre aromaterapia, que foi criada em 1920, pelo químico francês René-Maurice Gattefosse, e também levam aos prazeres do corpo e da alma.

Hoje, até, já existem como matérias opcionais em faculdades de medicina na França a matéria Aromaterapia.

Com o uso de óleos e essências nas áreas fisiológica (massagens, inalação) e psicológica (harmonização da alma com uso de aromas), você pode levar sua mulher à loucura; difícil será se algum dia quiser livrar-se dela.

Óleos que "esquentam", para você massageá-la: cravo-da-índia, canela, gerânio e jasmim podem ser encontrados nas melhores casas de produtos naturais – não economize. Um óleo barato pode dar o efeito contrário, uma alergia por exemplo. Deus me livre! É para nunca mais.

Agora, voltando à discussão do banheiro que me inspirou este capítulo, adorei esta comparação feita pelo O Globo (citado anteriormente): "Quando você exagera no perfume, ativa intensamente os neurônios olfativos de quem está ao seu lado. O perfume forte tem sobre o olfato o mesmo efeito de um grito para a audição".

A não ser que ela tenha um problema que se chama "anosmia" (perda parcial ou total do olfato), vale a pena explorar esse assunto com muita simpatia e acuidade.

Desde os cuidados com seus odores até o que permita provocar boas sensações nela com todos os recursos de que dispõe será de grande proveito para ambos.

> Nosso olfato é muito melhor do que pensamos, pois conseguimos distinguir cerca de 400 mil odores.

Então, sem enganosos pudores, às vezes vocês são nosso prato principal e às vezes somos sua sobremesa. Iguaria ou apenas tira-gosto, seja um homem "plural", usufrua de seu faro e de todas as possibilidades de aromas. Sem usufruir do olfato nenhum prato tem gosto. Nem ela.

> Eu senti algo tão intenso que só pude expressar em um perfume.
>
> JACQUES GUERLAIN

> A imaginação é mais importante que o conhecimento.
>
> ALBERT EINSTEIN

Capítulo 19

OS ASTROS, VOCÊ E SUA MULHER

Banheiro de um Hotel-Fazenda no interior do Estado de São Paulo.

Denise: magra, corpo bem cuidado, roupa despojada de grife e de classe, própria para o ambiente. Tênis disfarçadamente combinando com tudo, óculos de sol, grandes e charmosos, cabelos presos em rabo de cavalo. Altura mediana. Algo perto de 40 anos bem completos. Aliança na mão esquerda.

Solange: nem tão bonita, mas também muito bem tratada, roupa de ginástica insinuando o corpo de uns 40 e poucos anos muito em forma, cabelos louros. Sem aliança.

Ambas se preparavam para fazer uma trilha nas proximidades do hotel.

Solange: Denise, estou meio desgastada. Eu queria tanto que o Bruno fosse diferente, como o Carlos, responsável, organizado. O Bruno é tão descansado, não leva o trabalho a sério. Ele é bom caráter, mas veio à vida a passeio.

Não deveria me queixar, porque parece que tenho tudo, mas me sinto incompleta, fico triste, como se a qualquer momento meu amor por ele pudesse acabar. Você acredita que, em vez de ir assumindo os negócios do meu sogro, só quer viajar, ir à praia. O pior é que não posso e nem devo acompanhá-lo. Eu gosto e preciso trabalhar. Você sabe, tenho dois filhos que não são dele; ele tem um do casamento anterior, e namoro não dá garantia nenhuma. Queria que ele fosse completamente diferente. Fui a uma astróloga maravilhosa e ela me disse que é por causa do signo dele.

Denise *(gargalhada)*: Amiga? Signo? Como assim? Uma mulher tão inteligente como você com essas superstições. Ele é assim porque é diferente de você, porque foi muito mimadinho ou nasceu com defeito, sei lá. Mas, signo? Até acho que os astros têm influência, mas no caso dele é uma ótima desculpa e se você o queria completamente diferente, não é a ele que você deseja. Um amigo meu me disse uma vez que não se pode exigir de uma pessoa mais do que ela realmente pode dar. E esse é o caso. O que ele pode te dar é isso. Ele é assim. Se nem o filho o fez amadurecer. Esquece! Isso nunca acontecerá: o homem tem que se fazer admirar para ser respeitado e você não o admira. Uma pena porque ele é uma gracinha de pessoa.

A Astrologia, leigamente interpretando, fala das posições dos corpos celestes, no movimento relativo aos eixos terrestres, dessas posições no exato instante do nascimento e suas mudanças durante toda a vida.

Como é um assunto que desperta curiosidade na maioria das mulheres, achei por bem resumir uma definição bem humorada recebida pela internet, de autor desconhecido, em setembro de 2008, para que você possa ter assuntos amenos e diferentes daqueles habituais do trabalho, tragédias abordadas em todos os jornais a cada minuto e tornar sua conversa rara e interessante, além do que pode ser possível que identifique verdades incontestáveis nos aforismos a seguir, que possam norteá-lo.

ÁRIES – 20/03-20/04

Mandona. Mimada. Elemento Fogo. Tem muita energia e iniciativa. Ousada. Mas é muito fácil fazer uma ariana "achar" que está no comando. Finja que ela está certa, e que lhe está dando razão, que poderá agir do jeito que quiser, sem que ela perceba. Brava, e quando muito independente, às vezes nem se casa para não ser controlada.

TOURO – 21/04-20/05

Maiores e melhores amizades sólidas. Por vezes, egoísta. Difícil fazê-la mudar de ideia. Ama prazeres carnais e um dinheirinho.

Sexo? Nunca será uma rapidinha "atrás da moita"; precisa de tempo. Comida, também, nada de *fast-food*. Gosta de comer mesmo. Ciumenta, mas odeia sê-lo. Como Vênus é que rege a taurina, se não for bonita é, no mínimo, *sexy*.

GÊMEOS – 21/05-20/06

Muita energia. Ecléticas e intuitivas. Quer fazer mil coisas ao mesmo tempo. Fala muito, mas tem coisas interessantes a dizer. Signo duplo e mutável, absorve tudo muito rápido; porém, tem dificuldade em se aprofundar. Muito rápida de ideias. Muitos amigos, muitas atividades, muito tudo. Femininas, ágeis e sedutoras. Cuidado! Tem sempre duas "antenas" ligadas.

CÂNCER – 21/06-21/07

Chorona. Se magoa por qualquer coisa e emburra. Manipuladora mesmo, com cara de santinha. Tem sempre um dinheirinho guardado escondido. Signo da água, regido pela Lua, por isso muito feminino, ligada à família, com valores tradicionais e romântica. Adora namorar, mas tem que ser namoro firme. Com aquele olharzinho de peixe morto, seduz todo mundo. Adora ficar em casa e tem um ar maternal.

LEÃO – 23/07-22/08

Como a palavra mesmo diz: rainha da selva. Líder, brilho é o que a define. Mas às vezes é insegura e precisa de adornos e mimos. Quer agradá-la? Elogie, elogie, elogie. Finja que acha a opinião dela suprema. Está com raiva e quer derrubá-la? Ignore-a e discorde de suas "verdades prontas". Generosa, tem bom gosto e ambição. Se ela quiser conquistá-lo e você não estiver realmente interessado, vai ser um inferno, porque ela cerca, segue, perturba, agrada e consegue. Bravas, gastadeiras, fiéis e fogosas.

VIRGEM – 23/08-22/09

Minuciosa, detalhista e organizada. Grande capacidade de concentração. Não se esquece de nada, anota tudo o que pode ser bom ou ruim, dependendo do caso. Em compensação, no sexo, você terá de "rebolar" e é aonde terá o prazer de conhecer seu outro lado, porque é na intimidade que ela se solta de verdade, mas desde que esteja tudo perfumado.

LIBRA – 23/09-22/10

Signo da justiça e da beleza. Sedutoras. Charmosa mas com um defeitinho: mudam de ideia muito fácil e você com sua perícia poderá usar isso a seu favor. O perigo é ela querer seduzir várias pessoas ao mesmo tempo. Romântica demais da conta. Para no meio da rua para olhar dentro dos seus olhos e dizer que te ama. Então, se prepare para discutir a relação e, se quer surpreendê-la, no dia em que for buscá-la no aeroporto, ou na porta de casa, fique do lado de fora do carro e, quando ela vier andando, corra, suspenda-a do chão e dê um abraço rodando duas vezes 360° graus com ela suspensa. Só procure saber antes se ela tem labirintite.

ESCORPIÃO – 23/10-21/11

Nossa Senhora! Signo forte, intenso, obcecado pelo poder. Adora mistério, emoções fortes. Charmosa, trabalha duro. Como o sexo é importantíssimo, pode ser feito em qualquer lugar, até com o carro andando. Quando se apaixona é um perigo, gosta de vigiar, persegue e nunca minta para ela, porque se ela descobre não perdoa.

SAGITÁRIO – 22/11-21/12

Engraçada, otimista, fala muito e é incapaz de guardar segredos, até mesmo os dela. Apesar da extrema sinceridade, sabe fazer e conservar amigos. Sempre tem assunto e muita energia. Fidelidade não é a coisa mais importante na sua vida, mas quer casar, desde que demore um pouco.

CAPRICÓRNIO – 22/12-21/01

Inteligente, ambiciosa às vezes, chega a ser arrogante, porque adora mandar. Persistente e muito paciente para conseguir tudo o que quer. É uma pessoa séria e, talvez por isso, goste de namorar homens mais velhos. Elegante e gentil, possui um mundo interior ao qual só ela tem acesso.

AQUÁRIO – 21/01-18/02

Percebem tudo antes das outras pessoas. Diferente, adora tudo o que é futurista. Tem senso de humor e desprendimento. É alegre e sabe fazer e conservar amigos como ninguém. Personalidade forte e atraente, podem ser tímidos, sensíveis e exuberantes. É um dos signos mais tolerantes e sem preconceitos do zodíaco. Não se entregam com alma tão rápido, mas, uma vez decidida, vale a pena se entregar a seu amor, pois é verdadeiro. No sexo, pode ser selvagem e criativa, depende de você.

PEIXES – 19/02-19/03

Mística e espiritualizada, é desapegada das coisas materiais. Intuitiva e cheia de fantasias. Pode ser mais brilhante que todos. Às vezes se sacrifica pelos outros. Não sabe dizer não (atenção: uma boa dica é que ela adora crianças, o que é maravilhoso se você tiver filhos de outro casamento). Chorona e extremamente feminina, gosta de se sentir e se fazer de vítima, às vezes com tendência à depressão.

> Procure pelo contrário, quando a vida estiver monótona.
>
> Dalai Lama

> Conhecimento é poder.
>
> Francis Bacon

Glossário feminino

ACC. Adiantamento de Contrato de Câmbio.

Andropausa. Muitos homens não a reconhecem como verdade e se fazem de desentendidos por receio, mas é uma realidade. A andropausa acontece e é o "masculino diminutivo" de menopausa. Passados os 40 anos, começa o processo de diminuição da testosterona e da quantidade de espermatozoides. Vá ao urologista (sem traumas), faça um check-up, incluindo exame de sangue, prova de esforço e outros tantos e todos que necessite. Não é motivo para desespero, nostalgia, angústia ou depressão. Se você se exercita, tem uma alimentação saudável, lê muito, procura o médico sempre que necessário e sabe levar a vida com leveza e alegria, pode ter seu impacto despercebido. Mas nunca ignore ou despreze essa fase, que é verdadeira e pode sempre ter seus sintomas minimizados, quando cuidados com presteza.

Aplique. Cabelos postiços, aplicados nos cabelos verdadeiros da mulher para que pareçam mais compridos e/ou mais volumosos.

Base. Não se trata de "alicerce" ou coisa que o valha, embora possa abalar a estrutura de uma mulher. Próxima à cor da cútis, a base pode ser comprada na forma de pasta, líquido ou creme e deve ser usada antes do pó de arroz, para disfarçar as imperfeições da pele.

Bolsa "tipo carteiro". Aquela de alça comprida que se usa transpassadas pelo ombro até a altura do quadril, tal qual o carteiro.

Bolsa feminina. Objeto de desejo, cobiça, confidência e revelação (ver capitulo a respeito).

Bridge loan. Empréstimos ponte que se faz a uma empresa, antes de financiamento de prazo mais longo.

Chapinha. Objeto de máxima estima. Às vezes mais valioso que uma joia. Salvador da pátria de tamanha importância que, se impuserem a ela apenas uma minimala para viagem, é capaz dela levar apenas o perfume, a escova de cabelos, uma simples troca de roupa e a chapinha. É constituída por duas chapas de metal ou cerâmica que, em alta temperatura, acaba por arrebentá-los, mas serve para alisar os cabelos porque nesta geração inventaram que os cabelos lisos são mais bonitos que os encaracolados. E a gente acaba tendo de obedecer, se não fica fora de moda, como as mulheres que têm seios pequenos.

Cor pastel. Não é igual à cor bege; não é igual à cor pérola, nem *off-white*; são todas parecidas, mas muito diferentes. Entendeu? Não? Então, pergunte a uma mulher.

Corretivo para olheiras. É um creme de cor clara, usado embaixo dos olhos, para disfarçar que ela dormiu mal, que chorou de saudades, que acordou com cólicas, que está desencantada com o valor dos cartões de crédito ou ainda abatida com a dieta da lua, dos signos, da sopa, das folhas para emagrecer meio quilo.

Defrisagem. Processo químico pelo qual passa o cabelo crespo da mulher, que é obrigada a suportar um cheiro intenso de amônia e passar horas e horas no salão, normalmente de dois em dois meses, para tê-los aparentemente lisos.

Escova progressiva/Escova Inteligente e outros tantos nomes parecidos. Sabe aquele cheiro horroroso que você sente quando entra em casa, achando que é do ralo? Não é! É formol. Coitado de você? Não! Coitada dela que faz tudo isso para ficar mais bonita para seus olhos e de tantas outras mulheres críticas que encontra na rua, nas festas e em todos os lugares. Pois então: paciência que estão aperfeiçoando de tal jeito, que antes o cheiro durava três dias, que era o tempo sem poder lavá-los; hoje já reduziram para apenas um. Olha que evolução! E, em seguida, os cabelos ficam lisos como os japoneses. "Tudo pelo social."

Fazer escova. Fabricar ou manufaturar um objeto para pentear os cabelos? Não! É pentear, "escovar" os cabelos para que eles fiquem lisos para você e, principalmente, para o elogio das amigas.

Gloss. Batom em forma de gel, que faz que os lábios fiquem muito brilhantes e que normalmente os homens odeiam, porque seus lábios ficam pegajosos no beijo.

Governança corporativa. Normas de transparência de informação, gestão profissionalizada e padrões de conduta ética.

Laqueadura. Bloqueio das trompas de Falópio para não mais engravidar.

Luzes. Pode ser "radiação eletromagnética visível", claridade ou outras tantas definições, mas aqui se trata daquelas mechas de cabelo que ela clareia com água oxigenada e amônia, para ficar mais ou menos loura, porque disseram que as louras são mais sensuais e chamam mais a atenção.

Menopausa. Quando os níveis de testosterona (hormônio da motivação sexual) reduzem, o estrogênio e a progesterona também são reduzidos. Todos os males da TPM são potencializados pelo "fogo" no rosto, quase 30 dias por mês, durante um tempão. Calma e cuidados com ela. Passa! É só esperar um pouquinho. E nada daquela história de que a mulher perde a libido: tudo depende de você e da sua competência.

Pingente. Bijuteria ou joia, singela ou exagerada, que se coloca pendurada em uma corrente no pescoço.

Pó de arroz. "A maquiagem era privilégio de reis, cortesãos e aristocratas que apreciavam principalmente o pó de arroz e apenas no século XVIII é que se popularizou. Não era aceito em todos os países. Na Inglaterra, as mulheres mais conservadoras evitavam usá-lo por considerá-lo vulgar e associá-lo a costumes pouco respeitáveis. Esse preconceito inglês – compartilhado também pelos americanos – apenas acabaria no início da década de 1920, que deu o impulso que faltava para a maquiagem se transformar em mania mundial." Hoje viver e sair de casa sem pó de arroz é quase se expor desnuda. Já imaginou que desespero ser flagrada com uma espinha explícita na pontinha da orelha ou aquela manchinha de sol com o tamanho imenso de 1 milímetro quadrado do lado esquerdo da testa? Nem em sonho ou pesadelo. Salve a base e o pó de arroz!

Pregadores. Neste caso não se trata de pregadores para estender roupa no varal, nem "homens pegadores" (aliás, fora de moda); são peças decorativas para prender os cabelos, normalmente quando não se teve tempo de lavá-los ou de fazer escova progressiva.

Project finance. Financiamento de projeto com as receitas do próprio projeto.

Sapato tipo Chanel. "A ideia nasceu baseada nos sapatos esportivos masculinos dos anos 1920 e 1930, que tinham o bico escuro para evitar que aparecesse quando estivesse sujo. Coco Chanel adaptou esse detalhe gráfico aos seus calçados femininos. O clássico sapato Chanel bicolor, em couro bege com o bico preto, está completando 50 anos, marcando uma fórmula que acompanhou desde sempre o estilo da grife francesa e influenciou a moda no mundo inteiro." (UOL. Estilo Moda). Hoje chamamos também de "tipo Chanel" aqueles sapatos que são fechados na frente e têm uma tira fina prendendo atrás, no calcanhar, deixando-o à mostra.

Sobretudo. Casaco geralmente comprido, até o meio das pernas, que pode ser vestido sobre as demais roupas no inverno.

TPM. Transtorno Pré-Menstrual, sensação de que o mundo vai acabar, vontade de socar quem aparecer pela frente, enxaqueca, cansaço, depressão, mastalgia (dor e sensibilidade nas mamas), tonturas, angústia, risco de vida para os homens que estiverem ao lado, justificativa para ter perdão até da justiça, já com jurisprudência em alguns locais. Presente na vida de 75% das mulheres. Todo cuidado com ela, e para com ela é pouquíssimo.

Track record. Histórico de desempenho.

Vasectomia. Intervenção cirúrgica de fácil acesso para esterilização masculina. Obs.: não mata e não deixa nenhum homem impotente, além de ser muito gentil com sua parceira, pela simplicidade dos 20 minutos de procedimento e por ser reversível na maior parte dos casos. Consulte seu médico.

Vestido tubinho. Não é um vestido dentro de um tubo de ensaio. É um vestidinho reto, simples, sem detalhes.

Última palavra desse glossário. Para melhor compreensão masculina dessa palavra universal, emblemática, com singularidade e predicados de palavra única: Mulher = sinônimo = coração, amor, inconstância, esperança, ilusão, doação, saudade, mistério, romantismo, AMOR, AMOR, AMOR = M-U-L-H-E-R!

Bibliografia

CASTRO, Ruy. *Mau humor: uma antologia definitiva de frases venenosas*. São Paulo: Companhia de Bolso, 2002.

GLASS, Lilian. *Eu sei o que você está pensando: como decifrar pessoas observando gestos, postura, voz e olhar, entre outros sinais*. 5ª ed. São Paulo: Best Seller, 2004.

KALIL, Glória. *Chic [érrimo]: moda e etiqueta em novo regime*. São Paulo, Códex, 2004.

LEÃO, Danuza. *Na sala com Danuza 2*. São Paulo: Arx, 2003.

LEÃO, Danuza. *Na sala com Danuza*. São Paulo: Siciliano, 2000.

LUEPNITZ, Deborah Anna. *Os porcos-espinhos de Schopenhauer*. Rio de Janeiro: José Olympio, 2006.

Marie Claire. *As novas regras do sexo: até onde você vai?* São Paulo: Globo, Edição 162, setembro/2005.

MATARAZZO, Claudia. *Etiqueta sem frescura*. São Paulo: Melhoramentos, 1995.

MELO, Fabio de; CHALITA, Gabriel. *Cartas entre amigos: sobre medos contemporâneos*. Rio de Janeiro: Ediouro, 2009.

O GLOBO – Caderno Saúde e Ciência. 31/08/2008.

PEASE, Alan & Barbara. *Por que os Homens Mentem e as Mulheres Choram?* Rio de Janeiro: Sextante, 2003.

PEASE, Alan & Barbara. *Será que a gente combina?* Rio de Janeiro: Sextante, 2000.

Ribeiro, Célia. *Boas maneiras & sucesso nos negócios: um guia prático de etiqueta para executivos.* Porto Alegre: L&PM, 2000.

Solomon, Robert C.; HIGGINS, Kathleen M. *Paixão pelo saber: uma breve história da filosofia.* São Paulo: Civilização Brasileira, 2006.

VATSYAYANA. *Kama Sutra.* Porto Alegre: L&PM, 2006.

VITAL, Odilza; THIELMANN, Beatriz. *De mulheres para mulheres: mas que todo homem deve ler.* São Paulo: PUC-Rio/Edições Loyola, 2002.

WEIL, Pierre; TOMPAKOW, Roland. *O corpo fala: a linguagem silenciosa da comunicação não verbal.* Petrópolis: Vozes, 1986.

WILLIANS, Peter Mac. *Quem acredita sempre alcança.* Rio de Janeiro: Sextante, 2006.

Se você tem dúvidas, sugestões ou interesse em palestras sobre o assunto, visite o nosso site/blog, e participe:
www.mulheresesegredos.com.br

> Ria como um copo entornado...
> Sentir tudo de todas as maneiras...
> Viver tudo de todos os lados.
>
> ÁLVARO CAMPOS, 1890-1935

INFORMAÇÕES SOBRE NOSSAS PUBLICAÇÕES
E ÚLTIMOS LANÇAMENTOS

Cadastre-se no site:

www.novoseculo.com.br

e receba mensalmente nosso boletim eletrônico.

novo século®